CHARLES MONSELET

PORTRAITS APRÈS DÉCÈS

Avec Lettres inédites & Fac-Simile

M. DE JOUY
FRÉDÉRIC SOULIÉ – LASSAILLY
CHATEAUBRIAND – MADAME RÉCAMIER – ÉDOUARD OURLIAC
ANTÉNOR JOLY
GÉRARD DE NERVAL – HENRY MURGER
JEAN JOURNET – ANDRÉ DE GOY

PARIS
ACHILLE FAURE, LIBRAIRE-ÉDITEUR
23, BOULEVARD SAINT-MARTIN, 23

1866
Tous droits réservés

M. DE JOUY

M. DE JOUY

Ci-gît M. de Jouy.

J'ai toujours eu un grand respect pour les grognards littéraires ; — &, si l'on veut bien m'entendre, je dirai aussi que la poésie de l'Empire a été souvent calomniée dans ces derniers temps, & que ce n'est pas tout à fait cette pauvre femme en douillette cendrée qu'on a essayé de nous faire voir. J'en suis fâché pour ceux qui ne connaissent que les poésies ossianiques de Baour-Lormian & les romans de Pigault-Lebrun, — cet homme de lettres de l'Empire qui écrivait sur une schabraque. Mais je sais d'autres noms & d'autres livres, glorieux & respectables, ceux de Chateaubriand, par exemple, de Nodier & de madame de Staël, qui m'ont toujours fait penser qu'une semblable époque, — une époque de vingt ans, — ne méritait pas la raillerie & le dédain avec lesquels la plupart de nos critiques ont l'habitude de la saluer.

Il en eft bien peu de ceux-là qui n'aient à se reprocher un bon mot sur M. Jouy, — une épigramme sur M. Jay, — une plaisanterie sur M. Arnault. On ferait un volume d'un tel recueil, & ce recueil pourrait être intitulé sans inconvénient la *Cravate blanche littéraire*.

Laissons dire. Celui de qui je veux parler aujourd'hui valait bien les trois quarts de nos écrivains d'à-présent, je vous l'attefte. Ses vaudevilles étaient tout aussi spirituels que les nôtres, ses tragédies tout aussi froides, ses livrets tout aussi ridicules. Seulement c'était un autre ridicule, une autre froideur & un autre esprit. La pensée & le ftyle ont leurs modes, comme on sait, & ces modes ont leur Longchamps. La phrase se taille comme un habit, tantôt courte & tantôt longue, hier en vefte & demain en redingote. La littérature d'alors portait un carrick, celle d'aujourd'hui porte un paletot.

Ne nous moquons pas du carrick de M. de Jouy. Le carrick eft un bon & honnête vêtement, très-ample & très-chaud. Et personne mieux que M. de Jouy ne savait porter le carrick. C'était un homme charmant en société, un oracle de goût, un modèle de galanterie, l'homme de son ſtyle en un mot. Sa plume avait des précautions inimaginables. Je dis précautions & non délicatesses, parce que la délicatesse même était dangereuse dans ce temps de censure irritée, ce qui rendait le métier d'écrivain fort difficile. Au régime des suspeĉts politiques avait succédé le régime des suspeĉts littéraires. On arrêtait, pour un hémiſtiche, les tragédies de Lemercier & les comédies d'Étienne. M. de Jouy fut à peu près le seul homme à succès de l'Empire. Il eſt vrai que l'empereur ne l'a jamais regardé comme un *idéologue*.

Je compare M. de Jouy à Marmontel, — le *Zémire & Azor* de la littérature.

Donnez un habit pailleté à M. de Jouy, & vous aurez Marmontel. Jetez un carrick sur les épaules de Marmontel, & vous verrez M. de Jouy. C'eſt absolument la même façon de dire, de voir, de sentir. C'eſt le même bonheur dans le même talent. Je vais plus loin, ce sont les mêmes ouvrages. — Comme Marmontel, M. de Jouy a fait des tragédies, des opéras & des romans. C'eſt la même plume qui a écrit le *Zirphile* de l'un & la *Guirlande* de l'autre; c'eſt la même pensée qui a diĉté *Fernand Cortez* & les *Incas*. Marmontel a fait les *Contes moraux*, M. de Jouy a fait l'*Ermite de la Chaussée-d'Antin*.

Tous les deux enfin ont mis au monde un *Bélisaire*. — Trouvez-moi l'exemple d'une plus frappante analogie.

Il y a comme cela un homme qui se perpétue à travers tous les siècles, — un *beau masque, je te connais*, qui revient tous les cinquante ans avec un habit neuf, — un même académicien qui occupe sans cesse le même fauteuil, — un auteur qui n'eſt éternellement occupé qu'à se dédoubler & à se tirer à plusieurs exemplaires. Au dix-septième siècle, ce personnage s'appelait Quinault, au dix-huitième Marmontel, au dix-neuvième M. de Jouy. Chacun d'eux n'a jamais été que l'édition revue & corrigée de son prédécesseur. Ouvrez le volume : il n'y a de changé que la reliure ; hier en veau, aujourd'hui en maroquin. Barbin & Panckoucke remplacés par Didot. Quant au texte, c'eſt toujours le même, avec cette différence seulement que l'anneau royal d'*Adraſte* eſt devenu l'aspic de *Cléopâtre*, — qui lui-même eſt devenu la perruque de *Sylla*.

Ce fut une perruque qui fit la réputation de M. de Jouy. — Mais qui n'a pas eu sa perruque, au temps où nous sommes ? La perruque de Liszt, n'eſt-ce pas un peu son sabre d'honneur ? La perruque de George Sand, n'eſt-ce pas un peu son pantalon ? — Cherchez bien au fond de toutes nos célébrités. Vous y trouverez une perruque.

Seulement, la perruque de M. de Jouy était une perruque véritable. C'était la perruque de Talma; — à peine deux ou trois mèches qui, tombant plates & noires sur le front du comédien, lui donnaient une vague ressemblance avec l'empereur. Rien qu'avec cette perruque, M. de Jouy & Talma ont épouvanté tout Paris.

Il eft vrai que c'était la première fois qu'on osait rappeler cette grande figure. A cette époque, l'empereur était encore chose neuve & soudaine. M. de Jouy eut la gloire d'être le premier à déshabiller cette ombre augufte, & son exemple ne tarda pas à être suivi de toutes parts.

M. de Jouy a surtout été un homme, — & un talent — de circonftance. Il fut tour à tour le *seul* & le *premier*, deux grands mérites. Le seul prudent sous l'Empire, le premier hardi sous la Reftauration. Il a cultivé tour à tour l'à-propos innocent dans le tableau des *Sabines* & *Tippo-Saëb*, & l'à-propos séditieux dans *Bélisaire* & *Sylla*. Et quand il n'y eut plus hommes ni choses à exploiter, il en vint à se mettre lui-même en exploitation, lui & son succès. De même qu'avec une bouteille d'eau de Cologne il y a des gens qui ont l'art de faire quinze bouteilles d'eau de Cologne, de même M. de Jouy trouva le secret de faire quinze *Ermites* avec son premier *Ermite :* « Ermite, bon ermite, » comme dit la chanson. — Cette littérature en cagoule dura assez longtemps, puis on finit par s'en lasser & par la trouver fade. On s'attendait vainement à voir frétiller la queue du diable sous la robe du capucin ; la robe ne laissait rien passer. Saint Antoine n'eut pas de tentation.

Je me suis toujours étonné que la vie de M. de Jouy n'ait pas réagi davantage sur ses écrits. — C'était bien la peine d'avoir quitté la France à treize ans, d'avoir traversé les mers, d'avoir vu les Indes, Chandernagor ; d'avoir été lieutenant, capitaine ; puis d'être revenu, d'avoir eu sa tête à prix, de s'être mis en voyage une seconde fois, de s'être promené au bord du lac de Genève, en Belgique, en Hollande, en Italie, — & cela, pour en rapporter l'*Ermite de la Chaussée-d'Antin*, tout simplement. Il eft vrai que tant d'autres écrivent sur l'Inde, la Suisse, la Belgique, la Hollande & l'Italie, qui n'ont jamais mis le pied hors du Palais-Royal.

Il fut le premier feuilletonnifte *de genre* de ce temps-là. Il retroussa ses manchettes, comme faisait le comte de Buffon, & se prit à nous raconter en petits tableaux anodins les mœurs & la société auxquelles il avait l'honneur d'appartenir. Pour cela, il s'y prit le plus galamment & le plus discrètement possible, frappant toujours à la porte avant d'entrer, & criant à la jolie femme par le trou de la serrure : — « Madame, ayez l'obligeance de vous vêtir, je viens vous peindre en déshabillé. »

Ce fut ainsi qu'il pénétra dans l'étude du notaire & dans le boudoir de l'actrice, dans le cabinet du magistrat & dans l'atelier de la grisette, partout, en un mot, où il y a une patte de lièvre à gratter ou un bouton à tourner longuement. Puis, une fois entré, il plaça son chevalet dans le jour le plus favorable, choisit ses couleurs les plus flatteuses, pria son modèle de prendre la pose qui lui séyait le mieux, — & fit alors ce musée officiel que nous savons, & dont les premiers portraits eurent un si grand retentissement.

Mais partout où il n'y eut pas moyen de se faire annoncer, ou de frapper, — c'est-à-dire là où la porte demeure toujours ouverte, — M. de Jouy recula dédaigneusement, en se disant que son ton & son bel esprit n'avaient rien à faire en tel lieu. Il préféra laisser sa galerie incomplète, plutôt que de la compléter avec de grossières peintures de guinguettes & de cabarets. En descendant les marches qui vont à ces caveaux, peut-être se fût-il exposé à rencontrer quelqu'un de ces ivrognes, comme Hoffmann l'Allemand, par exemple, — & qu'eussent dit, je vous le demande, ses élégantes en turban à plumes & ses muscadins en chapeau de paille de riz ?

Je répète pourtant que cela n'empêche pas M. de Jouy d'être un homme de beaucoup d'esprit. Il a eu l'esprit du succès. Il venait après Rétif de la Bretonne, ce charbonnier de mœurs, & il a suffisamment expié *les Contemporaines* & *les Nuits de Paris*. Il a eu de l'élégance, de la finesse, de l'observation, du tact, alors que c'était chose presque nouvelle. Brossez & faites retoucher un peu ses toiles, & il vous restera d'agréables cadres d'antichambre, dont il ne faut pas trop faire fi.

M. de Jouy était né académicien. — Il fallait avoir fait bien peu de chose pour ne pas mériter un fauteuil à cette époque. Le *pas même académicien* de Piron n'était plus possible, & les immortels n'étaient point encore tourmentés par cet essaim de moustiques éclos dans les ruches nouvelles du journalisme. Ils marchaient fièrement dans leur force & dans leur liberté, comme l'*Othello* de leur camarade Ducis. Ils étaient eux-mêmes leurs critiques & leurs courtisans. Jamais l'Académie ne fut environnée de tant de majesté sereine. Jamais cette *bonne personne*, comme l'appelait Voltaire, ne parla tant d'elle-même que lorsqu'il n'y eut plus personne pour en parler.

On lui donna le fauteuil de Parny, — celui-là qui se roulait sur un lit de roses, & rimait chaque matin les baisers de la veille; un poëte trop impie cependant pour être bien amoureux, & un drôle d'académicien, à vrai dire : un marquis en habit de berger, qui avait crayonné douze chants de blasphèmes en se jouant; — *la Guerre des Dieux*, — que vous vous rappelez peut-être pour l'avoir lue avec un souriant effroi. C'était le seul fauteuil vacant, & M. de Jouy n'eut garde de le refuser.

Je m'aperçois que je laisse de côté les dates. Pour peu que vous y teniez cependant, je vous apprendrai que M. de Jouy a vécu soixante-dix-sept ans, & qu'il eſt né dans la vallée de Bièvre.

Douce vallée de Bièvre ! — Il n'a jamais perdu de vue ses frais ombrages, ses gazons verts & ses troupeaux blancs. Même dans l'Inde, en France au plus fort de la Terreur, en Suisse, en Belgique, en Italie, M. de Jouy eſt toujours reſté l'homme de la vallée de Bièvre. Le *beau* du Consulat & de l'Empire, l'*ermite*, le *causeur*, le *franc-parleur* n'a jamais pu dépouiller entièrement le villageois de Seine-&-Oise, — naïf villageois, avec du bon sens & de l'esprit *itou*, le coq de son village & aussi des grandes villes !

Il se perdit pourtant par la politique. C'eſt là le mal. — Il avait fait des vaudevilles pleins de sel & de calembours, des opéras tout brillants de feux de Bengale, des romans *palpitants d'aĉtualité*, des tragédies jouées par Talma. Il se dit que la politique n'était qu'une autre espèce d'opéra & de tragédie, & que le premier-Paris se traitait absolument comme le couplet de facture. Parce qu'il avait coiffé un comédien d'une perruque de sa façon & que le public s'était mis à trembler devant cette perruque, M. de Jouy voulut confeĉtionner des toupets en grand & en coiffer non plus les comédiens du Théâtre-Français, mais les comédiens des Tuileries, cette fois.

Il entra donc dans *le Courrier français* comme il serait entré dans le veſtibule de l'Académie royale de Musique. L'ermite jeta le froc aux orties, ou plutôt il se fit ermite politique pour sa dernière métamorphose. Il regarda l'affiche de ce jour-là, &, comme on donnait le speĉtacle de l'opposition libérale (première représentation), il se dirigea, non plus vers la salle, mais dans les coulisses, où il demanda un casque & une épée de comparse, en chantant de toute la force de ses poumons ce que Duprez devait chanter plus tard : *Amis, secondez ma vaillance!*

Un jour, il rencontra Benjamin Conſtant qui lui rit au nez. — M. de Jouy faillit se fâcher, & lui demanda sérieusement si ce nouveau costume ne lui allait pas aussi bien qu'à tout autre. Et, à ce sujet, il le pria d'écouter un inſtant ce petit morceau d'éloquence sur les affaires intérieures, & puis cet autre aussi sur nos relations avec le cabinet de Londres. Et quand M. de Jouy eut fini, il n'attendit pas que Benjamin Conſtant lui eût répondu pour lui dire son avis, il s'en alla tout droit faire imprimer ses deux articles. — Ces poëtes sont tous ainsi. Il leur faut absolument la politique pour baisser de rideau.

M. de Jouy fut un des derniers voltairiens, — un voltairien paisible & inoffensif toutefois, le Voltaire du *Temple du Goût* & celui de la tragédie de *Tancrède*, un Voltaire fort présentable, comme vous voyez, & qui n'a jamais eu maille à partir avec les lettres de cachet, — ce qui ne l'empêcha pas d'être un enragé de modéré, lui aussi, en ce sens que nul n'eſt reſté plus tenace dans son principe, plus ardent dans sa conviction, plus ferme dans son chemin. Je parle du Jouy littéraire. — Le Jouy politique, c'eſt autre chose. Une croix de Saint-Louis qu'on lui refusa le détourna brusquement de sa route. Le Jouy littéraire avait eu toutes les croix de Saint-Louis qu'il avait désirées.

Avec lui s'en sont allées les dernières traces de cette école de l'esprit sans poésie, & de la poésie sans enthousiasme. — Le beau hussard de l'Empire, qui avait été l'élégant marquis du dix-huitième siècle, tombe sur le champ de bataille, la poitrine froide sous son échelle de galons. Et l'on s'aperçoit en ce moment qu'il n'eſt point mort d'un boulet ou d'un coup de sabre, ainsi qu'on le pensait, mais tout vulgairement comme le premier phthisique venu. Il n'a pas été tué, il s'eſt éteint. Seulement il s'eſt éteint au champ d'honneur, & sa mort a eu tout le preſtige d'une mort militaire.

Telle eſt l'hiſtoire du grand duel de 1830. — L'école de Voltaire tomba dans la fosse avant d'y être poussée. Jusqu'au dernier moment, elle eut encore l'art de dissimuler son agonie, de poser du fard sur ses rides & de faire de son râle une tirade solennelle. Le jour de sa mort, elle mit sa cravate la plus blanche, son bas de soie le plus fin, son habit le plus académique, & elle se rendit sur le terrain, appuyée simplement au bras d'un vieux valet de chambre. Là elle regarda l'heure qu'il était à sa montre, &, sentant qu'il lui reſtait encore quelques minutes de bravade, elle les employa à tirer lentement ses gants & à se boutonner jusqu'au menton d'un air héroïque. Puis, elle se mit en garde, &, après avoir croisé le fer, elle s'affaissa tout à coup en portant la main à son cœur & s'écriant : — « Touché!.. »

Mensonge!—L'école de Voltaire eſt morte de sa belle mort, & sans avoir eu besoin de personne pour l'y aider. Elle eſt morte de vieillesse, & pas autrement ; parce qu'elle avait vécu sa vie pleine & entière, & qu'il était temps de mourir.

Ses derniers disciples, — en tête M. de Jouy, — l'assiſtèrent pieusement jusqu'à la fin. Ils reculèrent autant que possible l'inſtant fatal, & escarmouchèrent autour d'elle avec une présence d'esprit & un semblant de sécurité vraiment remarquables. A peine si l'on compte une défection dans cet autre Waterloo, — celle de M. Soumet, un Bourmont littéraire. On eût dit qu'ils avaient encore cent ans à vivre, tant leur ripoſte était allègre & leur coup de feu décisif. L'opinion publique en fut ébranlée plus d'une fois & n'en assiſta que plus curieusement à ce dernier acte de tragi-comédie.

M. de Jouy s'eſt beaucoup moqué de nous dans ces derniers temps-là. — Il a eu quelquefois raison. Il préférait toujours son carrick à nos surcots moyen âge, à nos manteaux espagnols, à nos robes dantesques, à nos ailes myſtiques de séraphin. — voire même à la feuille de vigne de la Morgue, où il nous a si souvent reproché d'aller quérir nos héros. Il a vaillamment combattu l'essor du romantisme, il s'eſt opposé de toutes ses forces à l'invasion des barbares ; — puis, enfin, quand le torrent révolutionnaire s'eſt épandu par toutes les digues débordées, il s'eſt sauvé de Paris, comme le soldat des Thermopyles, & il ne s'eſt arrêté qu'à Saint-Germain, où il eſt mort dans ses œuvres complètes, — vingt-quatre volumes in-octavo.

Ci-gît M. de Jouy (1).

---

(1) M. Clément Caraguel, dans la *Revue nouvelle*, et M. Auguſte Vitu, dans le *Messager de l'Assemblée*, ont tracé de vives esquisses de M. de Jouy. Il faut les consulter.

Mais le seul auteur qui puisse écrire *avec certitude* la vie de M. de Jouy, — & qui, par cela même, ne l'a pas encore écrite, — c'eſt le malicieux M. Philarète Chasles. Il a été longtemps le secrétaire de l'auteur de la *Vestale*, & il sait les plus ravissantes anecdotes sur cet avant-dernier voltairien.

FRÉDÉRIC SOULIÉ

FRÉDÉRIC SOULIÉ

« Paris eſt le tonneau des Danaïdes : on lui jette les illusions de sa jeunesse, les projets de son âge mûr, les regrets de ses cheveux blancs; il enfouit tout & ne rend rien. O jeunes gens que le hasard n'a pas encore amenés dans sa dévorante atmosphère, ne venez pas à Paris si l'ambition d'une sainte gloire vous dévore! Quand vous aurez demandé au peuple une oreille attentive pour celui qui parle bien & honnêtement, vous le verrez suspendu aux récits grossiers d'un trivial écrivain, aux récits effrayants d'une gazette criminelle; vous verrez le public crier à votre muse : Va-t'en, ou amuse-moi; il me faut des aſtringents & des moxas pour ranimer mes sensations éteintes; as-tu des incestes furibonds ou des adultères monstrueux, d'effrayantes bacchanales de crimes ou des passions impossibles à me raconter? Alors parle, je t'écouterai une heure, le temps durant lequel je sentirai ta plume âcre & envenimée courir sur ma sensibilité calleuse ou gangrenée; sinon tais-toi, va mourir dans la misère & l'obscurité. — La misère & l'obscurité, entendez-vous, jeunes gens? La misère, ce vice puni par le mépris; l'obscurité, ce supplice si bien nommé. La misère & l'obscurité, vous n'en voudrez pas! Et alors que ferez-vous, jeunes gens? Vous prendrez une plume, une feuille de papier, & vous écrirez en tête : *Mémoires du Diable*, & vous direz au siècle : Ah! vous voulez de cruelles choses pour vous réjouir; soit, monseigneur, voici un coin de votre histoire. »

La vie de Frédéric Soulié est toute dans ces lignes, — préface amère d'un livre de rage & de larmes.

En a-t-il fait passer assez de douleurs inouïes, d'aventures étranges, de drames éplorés, sous cette arche triomphale élevée à Satan dans un jour de désespoir! Ce n'était plus avec une plume, c'était avec un charbon rouge qu'il écrivait. Son diable n'avait aucune des traditions de Lewis ou de Maturin; il était vêtu de noir & de blanc comme un valseur, mais il était réel comme un procureur du roi. Cela le rendait encore plus effrayant à voir & à lire. — Frédéric Soulié, qui l'avait appelé à lui pour fuir la misère & l'obscurité, une nuit que ses larmes tombaient silencieusement sur ses vers inconnus & sur ses hiftoires d'amour incomprises, dut hésiter avant de se cramponner à la queue du manteau qui allait l'enlever de terre. Il renonçait pour longtemps, pour toujours peut-être, aux douces causeries avec la muse de sa jeunesse & de son cœur; il partait pour un voyage lointain & hardi, à travers les routes tortueuses du monde, les alcôves, les boudoirs, les comptoirs, les eftaminets & la cour d'assises. Il pouvait ne pas revenir de ce voyage.

Il n'en eft pas revenu, en effet.

A dater de cette heure, sa littérature eft devenue une littérature à coups de piftolet, un couteau incessamment plongé & remué dans la gorge de l'humanité, une perpétuelle cause célèbre. A peine si de temps en temps il lui a été donné de se ressouvenir, comme dans le *Lion amoureux*, qu'il y avait çà & là des amours chaftes dispersés sur la terre, des bouquets séchés à des corsages de seize ans, des rendezvous sous les tilleuls enivrants des avenues. Le diable l'emportait dans une course sans frein, haletante, pleine de ricanements. Et tous les deux s'en allaient terribles, implacables, tuer des hommes, déshonorer des femmes, déchirer des voiles & des parures, pour le seul plaisir de philosopher tranquillement, un inftant après, au fond d'un ravin, ou sur un sopha taché de sang. —Pauvre Frédéric Soulié! né poëte, mort poëte, sans avoir eu son heure suprême de poésie !

C'était une plume vaillante, un esprit énergique, un talent inconteftable. Son nom refte attaché à plus de cent volumes; roman, drame, hiftoire, opéra, critique même, il a tout abordé, il a touché à tous les rivages de la littérature. Sans avoir la loupe microscopique de Balzac, la touche passionnée de George Sand, la verve gasconne d'Alexandre Dumas, il a glorieusement conquis une place à leur côté. Ceux-ci avaient l'esprit, la grâce, la fantaisie, l'amour, la passion; lui a eu la force, qui lui a souvent tenu lieu de tout. Aussi, quels muscles dans ses drames! C'eft l'homme des colères par excellence, des haines vigoureuses, des violences ! — Et jusqu'à : *Je vous aime!* tout s'y dit brutalement. Cette brutalité a fait deux ou trois chefs-d'œuvre : *Clotilde,* les *Mémoires du Diable* & la *Closerie des Genêts.*

Il débuta vers 1830, comme tout le monde, avec des drames à la Shakspeare & deux ou trois romans dans le goût de sir Walter Scott.

On lui siffla ses drames, comme on sifflait tous les drames en ce temps-là. « C'eſt, en vérité, un pitoyable métier que celui d'auteur dramatique, s'écrie-t-il dans une préface... vous avez égorgé mon drame sans le connaître!... » Pourtant, il ne se rebuta pas, parce qu'il avait la force. Le Théâtre-Français lui fut plus heureux que l'Odéon. Il fit des comédies avec M. Bossange, avec M. Arnauld, avec M. Badon; il fit un opéra-comique avec Monpou, le pittoresque musicien qui l'a précédé au tombeau; — & d'opéra en comédie, de comédie en drame, de drame en roman, il commença peu à peu à s'appeler Frédéric Soulié.

Alors, il se remit à travailler tout seul. *Clotilde* avait donné la mesure de ce talent fougueux & volontaire; *Diane de Chivry* en révéla les aspects attendris. Il entra en maître dans le roman-feuilleton, botté, éperonné, cravaché, & il lança à fond de train dans les journaux ses hiſtoires altières & sauvages. Pendant dix ans il s'eſt attaché à peindre la société sous les couleurs les plus sombres; pendant dix ans il a disputé pied à pied le premier rang où il s'eſt placé du second coup; pendant dix ans il a tenu en échec les succès d'Eugène Sue; il a balancé la fécondité de l'auteur des *Mousquetaires*; il a fait tête aux nouveaux venus poussés de toutes parts & dressés en une nuit autour des réputations anciennes. Rien n'a réussi à l'abattre, nul ne l'a fait pâlir. Seulement, quand la critique a été lasse de le mordre par les côtés attaquables de ses livres & de ses pièces, il s'eft retourné & il s'eft fait critique à son tour; critique de théâtre & de roman; rien que pour quelques semaines, — hiftoire de rire, — & mal en a pris à ses détracteurs. C'était la griffe du léopard jouant à la main chaude.

Nous ne rappellerons pas tous les romans de Frédéric Soulié, dont il eft réservé à l'avenir de faire le triage. Plusieurs ne sont que de chaleureuses improvisations. Nous nous contenterons d'en citer trois ou quatre, tels que le *Maître d'école,* brûlante esquisse révolutionnaire; les *Drames inconnus,* qui contiennent une idée immense, & la *Comtesse de Monrion,* — bonne chose.

C'eft plutôt par l'idée que par la forme, & c'eft surtout par l'action, par le sentiment, par la véhémence en un mot, que la plupart des œuvres de Frédéric Soulié refteront vivantes dans l'hiftoire littéraire du dix-neuvième siècle. Nous le répétons, parce que là eft le côté diftinctif de son talent. Chez lui, la forme, à proprement parler, ne tient le plus souvent qu'une place secondaire. Il marche, non point pour faire admirer la grâce de sa tournure ou la richesse de son habit, mais pour arriver tout bonnement au but qu'il se propose. Ce n'eſt point un auteur petit-maître, chaussé d'escarpins à talons rouges, qui procède par entrechats & par cabrioles, faisant la roue & secouant la poudre de ses cheveux ; c'eſt un voyageur en souliers ferrés, avec un bâton ferré, emporté sur un chemin ferré. S'il rencontre en route une bonne fortune de ſtyle, il la saisit par la fenêtre du wagon, mais il ne la guettera point ; ou si, dans l'intervalle d'une ſtation, il s'arrête à piper des mots en l'air, ce sera alors quelque grosse excentricité, comme « une voix éperonnée de sourires moqueurs ; » mais ces curiosités sont rares chez lui, & il faut vraiment qu'il n'ait rien de mieux à faire pour s'amuser à guillocher des phrases de la même façon qu'un pâtre guilloche un aubier.

Au théâtre, son succès eſt peut-être moins net, moins franc, moins décidé. Longtemps il a cherché sa route à travers la tragédie, la comédie & le drame ; souvent on dirait qu'il se sent à l'étroit sur les planches : il eſt saccadé, contraint : il ose trop & n'ose pas assez. Le *Proscrit* & *Gaëtan,* quoique renfermant des scènes d'une beauté réelle, sont peut-être indignes de l'homme qui a écrit *Clotilde.* Dans ces derniers temps il avait inſtallé son drame en plein boulevard. Son drame s'appela dès lors l'*Ouvrier*, les *Étudiants*, la *Closerie*, & devint le drame du peuple. Il dit adieu aux grandes dames de la comédie, comme il avait déjà dit adieu aux grandes dames du roman; il prit ses héros & ses héroïnes dans la rue, dans la mansarde, un peu partout; il ne s'inquiéta pas s'ils étaient bien ou mal vêtus, bien ou mal nourris. Il copia ses ouvriers comme Murillo copiait ses mendiants, avec la même fierté dans le réalisme. — Sa dernière œuvre indiquait un acheminement à la véritable poésie, simple & forte, à la poésie de cœur.

Frédéric Soulié eſt mort à quarante-sept ans.

LASSAILLY

LASSAILLY

I

Il était un peu plus de minuit. Le poëte Lassailly venait de se coucher.

Lassailly n'était alors connu que par sa maigreur extraordinaire, quelques ſtrophes farouches, & un livre intitulé : *Les Roueries de Trialph, notre contemporain avant son suicide.*

Lassailly venait de se coucher, bien que l'on fût en pleine époque de romantisme & que les nuits appartinssent de droit aux *orgies échevelées,* ou tout au moins aux veillées fiévreuses. Il s'était couché en ricanant, en se traitant lui-même de bourgeois, & en récitant ironiquement devant son miroir des fragments de la *Henriade*.

Puis, après ces *affreux blasphèmes*, il avait soufflé sur la tête de mort dans l'intérieur de laquelle il avait coutume de placer sa bougie, — & il s'était endormi en invoquant le cauchemar.

A ce moment, la maison fut ébranlée par plusieurs coups de marteau. Une voiture venait de s'arrêter devant la porte; un homme en descendit, qui se fit indiquer la chambre de Lassailly, voisine des étoiles, & qui y monta malgré l'heure indue.

Deux laquais en livrée le précédaient, porteurs d'étincelants flambeaux.

Aux lueurs féeriques qui se répandirent par le trou de la serrure, & au bruit de voix qui remplissait l'escalier, Lassailly se réveilla en sursaut & chercha convulsivement sous l'oreiller son poignard malais, tordu en flamme.

— Ouvrez, lui cria-t-on.

— Qui eft là ?

— Monsieur de Balzac.

A ce nom, qui était alors aussi glorieux qu'aujourd'hui, Lassailly s'empressa de revêtir le pantalon de molleton, mi-partie rouge & vert, qui lui donnait l'aspect du plus osseux figurant des théâtres du boulevard.

Après quoi, il alla ouvrir.

C'était bien M. de Balzac, en effet, avec son petit chapeau aux bords retroussés, sa grosse canne enrichie de turquoises & ornée d'énormes glands. Il était jeune; ses cheveux étaient d'un beau noir; ses yeux, sa bouche avaient cette ardente & heureuse vivacité qui montraient son génie entier. Un peu d'embonpoint ne lui nuisait pas.

En ce temps-là, — temps bien éloigné de nous déjà! — M. de Balzac était non-seulement le premier, *mais encore le plus fécond de nos romanciers.*

Il avait besoin d'un collaborateur pour remplir divers engagements pris trop précipitamment avec ses éditeurs, & il avait jeté ses vues sur Lassailly, dont le talent était inconteftable, quoique singulier & surtout peu pratique.

M. de Balzac expliqua en peu de mots à Lassailly ses intentions, & sans lui laisser le temps de répondre, il l'entraîna jusqu'à sa voiture. Les deux laquais soufflèrent sur les flambeaux & les mirent dans leurs poches.

Le cocher fouetta vers les Jardies.

Les Jardies sont, comme on le sait, situées à Ville-d'Avray, sur un petit versant. Il ne faut pas croire à toutes les farces que l'on a émises sur leur conftruction. C'eft une maison charmante, que le propriétaire actuel, sans presque rien y changer, a divisée en petits appartements qu'il loue pour la saison fleurie.

Pendant le trajet, M. de Balzac avait développé à Lassailly ses plans, ses comédies, ses éditions à remanier, ses projets de revue, ses rêves d'administration pour la Société des gens de lettres, ses traités avec les journaux, ses procès, ses grands voyages, sa doctrine politique, ses inventions industrielles, ses idées sur l'ameublement, sur le costume, sur la démarche, sur l'hygiène, sur les sciences occultes, sur le sentiment religieux, sur les tribunaux & sur les banques de toutes les nations.

Quand on arriva aux Jardies, Lassailly avait la tête grosse comme une mosquée.

Il n'osait souffler mot, cependant.

M. de Balzac l'attela à une besogne de Titan & le soumit à un de ces incroyables régimes dont il a été souvent parlé : café toutes les heures, épinards, oignons en purée, sommeils interrompus.

L'étonnement soutint Lassailly pendant les premiers jours & pendant les premières nuits. Toutefois, ses pommettes rougissaient, & ses yeux commençaient à sortir de leur orbite !

M. de Balzac, au contraire, était joyeux & à l'aise comme une salamandre dans un bon feu.

Il se promenait de long en large dans sa *Comédie humaine*, causant avec tous ses personnages & les précipitant à la traverse de nouvelles intrigues, dotant Rastignac de plusieurs millions, procurant un amant à madame de Maufrigneuse, rêvant une évasion pour Vautrin, couronnant de fleurs le grand poëte Canalis, se vengeant du critique Blondel ou tuant le pauvre & joli petit diable d'Angoulême, Lucien de Rubempré.

Au milieu de tous ces gens avec lesquels il était loin d'être aussi famillier, Lassailly sentit qu'il allait devenir fou.

Aussi, le cinquième jour, demanda-t-il un congé à M. de Balzac; mais M. de Balzac le remit à huitaine.

Lassailly patienta encore; le café lui rongeait les entrailles; il n'y voyait déjà plus.

Enfin, la semaine s'écoula. Mais la besogne n'était pas terminée : il manquait un demi-volume. M. de Balzac s'emporta, fit la sourde oreille, & alla fermer à double tour la porte de la maison. Puis, on apporta du café, — & les deux plumes recommencèrent à grincer sur le papier...

La nuit suivante, par un beau clair de lune, un homme pâle & décharné comme un spectre, les vêtements en désordre, sans chapeau, escaladait le mur du jardin, avec tous les signes du plus vif effroi & de la plus grande précaution.

C'était Lassailly qui s'enfuyait des Jardies.

II

Charles Lassailly n'était pas précisément fou, — mais le peu qu'il a fait imprimer eſt empreint d'une couleur étrange. Sa phrase a des faces inusitées, des éclats soudains, des ténèbres & des lueurs.

Son livre des *Roueries de Trialph* eſt ce que j'ai lu de plus échevelé dans le genre, & l'effet en fut tel qu'il a pesé sur toute sa vie. La *Revue des Deux Mondes*, où il a écrit ensuite plus d'une page charmante et contenue, ne lui permit jamais de signer son nom, — à cause de cet antécédent.

Balzac, qui a eu pour secrétaires, quelquefois même pour ébaucheurs ou grossoyeurs de besogne, les cinq ou six plus intelligents des écrivains de ce temps-là : Édouard Ourliac, Théophile Gautier, Laurent Jan, de Gramont, — &, dit-on aussi, Jules Sandeau ; — Balzac, qui possédait au delà de toute expression *le flair*, avait flairé Lassailly. « C'était, a raconté M. Amédée Achard, lorsque se préparait le tableau gigantesque de la *Comédie humaine*. M. de Balzac veillait sept nuits par semaine : à cette manufacture de romans il avait adjoint une fabrique de drames. Ce pauvre Lassailly, de mélancolique mémoire, celui-là même que ses amis appelaient Trialph, lui servait de secrétaire..... »

Lassailly a écrit un peu partout, mais surtout dans les recueils les plus inconnus. Il avait un talent réel pour les vers, une facture gênée, mais un ton âpre ; — j'ai lu dans un *magazine* oublié, intitulé : *les Étoiles*, un de ses plus longs morceaux, *le Prolétaire*, qui est écrit avec du feu sombre. Comme tous les poëtes amers, il évoque beaucoup Gilbert, & c'est avec de funèbres pressentiments qu'il rappelle sa mort déplorable (1).

(1) Qu'il me soit permis de revenir sur un fait, que j'ai déjà eu l'occasion de constater. Notre dix-neuvième siècle veut absolument que Gilbert soit mort de misère, parce que Gilbert est mort à l'Hôtel-Dieu. J'en suis fâché pour le dix-neuvième siècle, mais il doit chercher ailleurs ses sujets d'apitoiement, qui du reste ne lui manqueront pas. Gilbert, lorsqu'il mourut, était *tout à fait dans l'aisance*; il avait surmonté les obstacles du début, il avait percé la foule ; souvent on le rencontrait vêtu d'un magnifique habit brodé d'or. Sa folie est due, non pas à une accumulation de déceptions littéraires, comme on l'a prétendu, mais à une cause

Moi cependant je m'étonne de trouver dans l'âme des démocrates (Lassailly était républicain) une telle tendresse pour ce Gilbert qui a tant guerroyé contre les philosophes & les hommes de progrès, ce Gilbert qui mangeait à la table de l'archevêque de Paris, ce Gilbert qui, s'il vivait encore, serait infailliblement traité de *réactionnaire,* de *jésuite,* de *poëte de sacriſtie.* O inconséquence des enfants de Voltaire !

Quand ce ne fut plus M. de Balzac, ce fut M. Villemain qui employa notre vagabond Lassailly. Chez M. Villemain, Lassailly occupa ses heures de loisir à composer des drames invraisemblables & un poëme qui n'a pas paru.

Sa pauvre tête allait de droite à gauche, battant ainsi la poésie, l'hiſtoire, la politique, le théâtre, — & ne trouvant qu'un mur partout.

---

purement accidentelle, à une chute de cheval qui occasionna une fièvre chaude, pendant laquelle, — tout le monde sait cela, — Gilbert avala une clef. Dans ces circonſtances, on le transporta à l'Hôtel-Dieu, c'eſt ce qu'on avait de mieux à faire.

Sans doute, la *pauvreté* fait très-bien au bout d'un vers, mais la vérité fait encore mieux. Plaignons Gilbert de sa mort prématurée, mais n'en tirons pas de conséquence. Mercier, qui était un de ses amis & qui a recueilli son dernier soupir, a donné sur l'état de sa fortune les renseignements les plus rassurants.

A force de s'y cogner, elle se rompit. La fin de Lassailly-Trialph ressemble assez à la fin d'Édouard Ourliac, cet autre secrétaire de Balzac. — Le maître aussi a rejoint ses secrétaires! — Lassailly disparut soudainement du monde, & nul ne sut où il s'était réfugié. On s'inquiéta de lui les premiers jours, on hocha la tête, & quelques-uns proposèrent de le réclamer par la voie des journaux; au bout d'une quinzaine on n'y pensa plus. Pendant ce temps, seul, dans une maison située à l'ombre de l'église Saint-Étienne-du-Mont, Lassailly, agenouillé & se meurtrissant la poitrine, expiait les *Roueries de Trialph*. La religion l'avait gagné tout entier, ou plutôt la religion l'avait reconquis, — car il avait été autrefois un pieux enfant, soumis à sa mère & à Dieu.

Même hiftoire pour Ourliac.

Partis tous les deux du même point, tous les deux devaient y revenir, à quelques années de diftance seulement. Mais entre le départ & le retour, quelle parabole excessive n'ont-ils pas décrite l'un & l'autre! Quel voyage extravagant dans les terres auftrales de la littérature, à travers la révolution de Juillet, le *Figaro,* les premières représentations du drame moderne, Renduel & Ladvocat, les délires byroniens, le saint-simonisme, les gravures foncées de Tony

Johannot, M. Viennet vaincu, l'hémiſtiche brisé ou la mort!

Ourliac était le plus sage, rendons-lui cette juſtice; il était le plus moqueur aussi; l'auteur de *Gil-Blas* avait dû le tenir sur les fonts baptismaux. Lassailly ne procédait de personne, c'eſt pourquoi il procédait un peu de tout le monde; il jouait *bon jeu bon argent*, comme on dit; il était tout cœur, tout inspiration! — Il eſt mort le premier.

Voici comment M. Jules Janin, qui eut vent du décès, a parlé de ce pauvre garçon dans le feuilleton des *Débats :*

« Nous avons vu mourir un des nôtres cette semaine, ce jeune Lassailly dont la triſte deſtinée pleine d'enseignements ne servira d'enseignement à personne. Il était venu, lui aussi, du fond de sa province, la tête remplie de chefs-d'œuvre & son portefeuille vide. En cinq ou six ans de cette vie littéraire qui tue les corps, les âmes & l'esprit, le pauvre jeune homme avait rempli son portefeuille; mais ce portefeuille rempli, sa tête était vide.

« . . . . Avant d'être déclaré & reconnu malade, il écrivait à lui seul un journal, tout un journal, une feuille impitoyable, dans laquelle il traitait sans pitié quiconque tenait une plume en ce siècle. Il les appelait — des gens épuisés,

— des génies avortés, — des romanciers aux abois, — des novateurs usés jusqu'à la corde, — des copistes, des plagiaires, — des bandits qui écrivaient pour vivre. Il était sans pitié, il était furieux, à ce point qu'il fallait nécessairement que ses victimes fussent enfermées aux Petites-Maisons, ou que lui-même il y fût enfermé. Ce fut lui (1).

« . . . . Dans les désordres de sa pensée, il avait des naïvetés charmantes. C'est lui qui m'écrivait : — *Vous avez parlé avec tant de tendresse de notre ami ***. C'est une injustice, il n'est pas si fou que moi !* »

Il n'en a guère été écrit plus long, je crois, sur la vie & la mort de Lassailly. Cette figure incertaine, cet esprit disséminé, contrariant, trop irrésolûment fantasque; cette plume fatiguée avant d'avoir tracé son premier mot, ce poëte toujours en guerre avec lui-même, n'était pas

---

(1) *Revue critique*, journal mensuel. S'adresser pour tout ce qui concerne la rédaction, à M. Lassailly, rue Caumartin, 41. On s'abonne à la Tente, galerie Montpensier, 6. Janvier 1840 (Imprimerie Belin & Cie, rue Sainte-Anne, 55). — A l'appui de ce que dit M. Janin, voici quatre vers d'une *Ode à l'Aristocratie* contenue dans le premier numéro de ce journal :

. . . .
O Calomnie aux ongles longs !
O menteur Journalisme, éloquence sans âme,
Héroïsme bâtard, inglorieuse lame
    D'assassins qui n'ont pas de noms !

d'ailleurs d'un si grand poids dans la balance littéraire. Heureux eft-il encore d'avoir pu arracher à l'indifférence de la critique ces quelques lignes d'épitaphe!

Si pourtant l'on me demande d'où me vient cette sympathie pour ces inconnus, ces oubliés, ces méprisés, & pourquoi je m'attache à reconstruire leur œuvre d'égarement, tandis qu'il y a autour de moi tant d'écrivains corrects & sérieux, tant de professeurs traduisant Perse & Juvénal, tant de gens d'étude, universitaires & autres, qui s'accommoderaient si parfaitement d'un peu de publicité; — je répondrai, d'abord, que je n'aime donner qu'aux infiniment pauvres, ensuite que la compassion littéraire porte en elle-même son pourquoi, & qu'il suffit d'avoir un peu de talent & beaucoup de malheur pour m'attirer; toutes raisons excellentes. Mais les vrais bibliophiles ne me feront jamais de questions semblables : rassurons-moi.

Et puis, il me semble que l'hiftoire des gens presque inconnus doit avoir pour beaucoup de lecteurs l'attrait du roman; — tout l'invraisemblable dans le vrai, songez-y! Un nom sans autorité comme Pierre ou Jean, à peine quelque chose de plus que les héros imaginaires, quelques lignes imprimées dans un coin, jufte de quoi juftifier d'une exiftence réelle, trois ou quatre personnes qui disent : *Je l'ai connu!* voilà tout. Du reſte, de la passion, des événements, de la douleur, des larmes tant qu'on en veut, de la raillerie parisienne, rognures des petits journaux sanglants, de la verve, du coup de fouet; — & enfin, au bout de tout cela, la vérité, la grande vérité, qui se porte caution de votre attendrissement !

Les choses qui sont arrivées à Lassailly ne sont-elles pas aussi intéressantes que les choses qui ne sont pas arrivées aux personnages d'Alexandre Dumas? Sa folie ne vaut-elle pas les folies inventées? Ses amours — ces myſtérieuses amours de Lassailly pour une grande dame avérée — ne peuvent-elles être comparées aux amours d'imagination? Meurent-ils autrement, les Arthur d'in-octavo?

Une des choses qui me font aller vers l'autobiographie, de si bas qu'elle parte, c'eſt la défiance de ma sensibilité, qui ne veut pas, autant que possible, se laisser intéresser à faux ou à vide.

Les *Roueries de Trialph* sont évidemment une autobiographie déguisée. Comme ce livre eſt rare, — je ne sais pas pourquoi, — & qu'il offre en outre mille curiosités de sentiment & de ſtyle, on souffrira que j'en fasse le dépouillement analytique. Selon moi, la critique rétrospective est la meilleure & la plus efficace; j'essayerai un jour de l'appliquer à quelques-unes des œuvres soi-disant considérables publiées depuis vingt ans.

Comme tous les livres de 1833, les *Roueries de Trialph* débutent par une préface, une longue préface, qui vous monte à la tête comme la vapeur d'une tonne de bière au moment de la fermentation. Cette préface ne dit rien, comme beaucoup de préfaces; mais au moins elle sait qu'elle ne dit rien, ce qui constitue le premier des mérites négatifs. « Après tout, ce sont mes mémoires que je signe. J'ai nom Trialph. Point de généalogie. Je sais seulement que Trialph vient de *Trieilph*. Cette expression, dans la langue danoise, signifie : GACHIS. »

La préface mentirait à sa date, si elle n'amalgamait dans un éblouissant éclectisme Napoléon, Richter, la Morgue, Rabelais, Shakespeare, Robespierre, le préfet de police & Malherbe. Dans sa préface, Trialph cause particulièrement de la République, qu'il voudrait savoir possible; mais, hélas! murmure-t-il, on ne rencontre plus personne de bonne volonté : « En France, quel citoyen échelonnera humblement sa capacité à me cirer mes bottes de poëte crotté? » Ainsi raisonne Trialph. En littérature, il paraît n'être d'aucune école, on ne trouve pas un seul nom contemporain sous sa plume.

« Ce que j'écrirai ici, je l'ignore. Je veux seulement esquisser quelques vérités sur le citoyen Cœur humain. » Le malheur eſt que les vérités de Trialph sont trop souvent saupoudrées d'immoralité. J'aurais voulu le connaître au temps où, selon son expression, il avait des illusions comme un eunuque de la graisse. Aujourd'hui, ce n'eſt plus qu'un ricaneur, & de la pire espèce encore : un ricaneur qui veut être plaint! Sa préface eſt une parodie sérieuse des préfaces les plus célèbres ; il penche la tête d'un air douloureux & se demande où va le monde, — à propos des amours de Nanine & d'Erneſt, qu'il va raconter tout à l'heure.

Au milieu de ces digressions usées, de ces moqueries sans motif, de ces colères inutiles, de ces dédains littéraires, de ces saccades prévues, au milieu de toutes ces choses inachevées & recommencées dont se compose cette préface, il y a cependant un élan de cœur que je ne puis suspecter, & qui tranche sur l'allure divagante du morceau :

« J'ai un aveu qui me pèse.

« Je suis malheureux...

« Oh! ma pauvre mère !

« Ma mère ! Tu m'as donné la vie, tu as veillé

pendant des nuits longues & froides auprès de moi, qui reposais dans un berceau; tu m'as enlacé de soins & de tendresse; tu as pleuré beaucoup sur mon avenir; tu m'avais averti... Je t'ai coûté la santé, le bonheur, ma mère, hélas! & je maudis mon exiftence!...

« Oui, je la maudis! »

Les *Roueries de Trialph* commencent par un bal, en plein faubourg Saint-Germain.

On voit passer le héros en habit boutonné.

Il eft moins sombre que d'habitude; il a formé le projet, ce soir-là, de se *gargariser de quelques drôleries de sentiment*.

Amer Trialph!

En conséquence, après quelques minutes d'examen sous un candélabre, il entre en adoration d'une jeune fille & d'une femme mûre, — toutes les deux à la fois.

La déclaration d'amour à la jeune fille eft assez étonnante. Il lui dit : — Mademoiselle, je vous aime autant que la République.

« *La jeune fille devint rose d'émotion.* »

Trialph fait une pirouette, & se dirige ensuite vers la femme mûre, laquelle eft une comtesse de haute vertu, avec des yeux bleus, un teint pâle sous le bismuth & le vermillon, & une *taille à l'entonnoir.*

Il lui demande un rendez-vous pour le lendemain.

Ces deux exploits accomplis, — Trialph s'en va se coucher.

Au fond, ce Trialph est un mauvais drôle, toujours grinçant des dents, mal frisé, *désaimant* tout, passant de longues heures en tête à tête avec un pistolet chargé, lisant lui aussi ses prières dans lord Byron, mâchonnant un éternel blasphême sous sa lèvre crispée, & goûtant une joie sauvage à s'accouder sur le parapet du pont Notre-Dame, en regardant d'un œil fasciné les nappes verdâtres de la Seine. Un Jeune-France, enfin.

Ces Jeune-France sont si loin de nous, que cela vaut la peine d'en parler.

Comme tous les Jeune-France, Trialph a sur sa chiffonnière, auprès de son lit, une tête de mort non lavée à la chaux, toute jaune encore de rouille humaine. Dans le creux de l'œil droit il a placé la montre d'un *curé de campagne* (le parrain de Mardoche, probablement), & dans le creux de l'œil gauche un charmant petit thermomètre. — La charpente osseuse du nez lui sert à suspendre ses bagues d'or & le camée d'un bracelet qu'il « a volé un jour à une fougueuse Italienne, qui s'est mise depuis à chanter, *la misérable créature,* pieds nus, sur les boulevards. »

Trialph, à son réveil, met des gants glacés & se rend chez la femme mûre à qui il a demandé un rendez-vous, madame la comtesse de Liadières.

Il fait sa cour à la façon des Jeune-France, c'eſt-à-dire il ricane, il pâlit, il déchire sa poitrine avec ses ongles, il pose sa main sur la rampe du balcon en murmurant : — Mon Dieu! que le ciel eſt pur; mon Dieu! que cet air eſt suave!... Mais lui, son front eſt brûlant, son sang bout dans sa tempe à lui ouvrir le crâne; il essaye de parler de choses indifférentes, du bois de Boulogne, du paillasse Deburau, de l'athéisme, des Polonais, de tout ce qui eſt à la mode; enfin il se jette aux genoux de la comtesse & la tutoie :

— Femme! que tu es belle ainsi!

La comtesse ne fait pas jeter cet animal à la porte. Au contraire; elle le trouve intéressant, nouveau. Cela enhardit Trialph, qui se lance dans toutes sortes de sarcasmes contre l'amour, contre la patrie, contre la gloire, contre les belles-lettres, contre la lune, contre la législation actuelle, contre les jolies femmes, & qui termine par un *éclat de rire convulsif,* — cet éclat de rire convulsif sur lequel ont vécu tant de romans & tant de drames!

— Vous m'effrayez, dit la comtesse de Liadières; pourquoi rire ainsi ?

— Je ris, madame, de ne pas me voir pendu ou brûlé vif. Un matin que je rencontrerai la signora Société dans les rues de Paris, je veux en passant lui jeter au nez cette prédiction qu'elle mourra l'année prochaine, s'il éclot par hasard en France trente faquins de bouffons comme moi !

Cela est bien sage dans la bouche de Trialph.

Mais Trialph ne demeure pas longtemps dans sa franchise. Quand il lui est bien prouvé que la comtesse l'aime, le voilà qui devient brutal & grossier envers cette femme charmante; le voilà qui l'appelle coquette, déloyale, qui lui parle de M. Liadières & qui se déchaîne contre l'adultère. Il marche à grands pas dans le boudoir, il est écumant, il est frénétique; enfer & puissances du ciel! Massacre & railleries! Il casse le cordon de la sonnette, il éreinte le tapis à coups de talon de botte, il frappe à poing fermé sur le piano. La comtesse, épouvantée, se roule dans un coin comme un serpent en spirale. Immobile & muet, Trialph la glace d'un sourire diabolique.

« *Je devais être horriblement beau!* » ajoute-t-il.

Vraiment, j'éprouve quelque honte à vous raconter ces désordres. Telle était pourtant une scène d'amour en ces temps-là, tels étaient les amoureux du livre & de la scène. Trialph n'eſt guère plus exagéré qu'Antony; il ne sait pas ce qu'il veut, il ne veut plus ce qu'il a demandé, il menace, il implore, il sanglotte, il a la fièvre.

Ils avaient tous la fièvre, alors.

Cette *furia* d'amour, répandue en littérature par *Indiana*, par les drames fauves, par les poésies noires, a été assez heureusement caractérisée dans un vaudeville joué par Arnal :

>Quel plaisir de tordre
>Nos bras amoureux,
>Et puis de nous mordre
>En hurlant tous deux!

Vous voyez que Trialph eſt tout à fait dans la tradition, lorsque hérissé, funeſte & se *gorgiasant* à l'aise dans son délire satanique, il foule aux pieds cette femme du monde, cette comtesse, absolument comme si c'était madame Dorval.

Silence! Voici le mari qui entre, M. de Liadières.

« M. de Liadières alla se poser debout devant la cheminée. Il contempla d'un air froid & sérieux la comtesse, qui n'osait s'approcher de lui.

Elle était échevelée. Le *vieillard* soupira. Jamais la majestueuse sérénité de son front chauve ne m'avait inspiré autant de respect ; il me paraissait voir une ondée de lumière descendre sur le visage de cet homme comme un rayon pur de soleil sur la neige éblouissante des Alpes. *Oh ! il était beau, ce vieillard ! Qu'il était beau !* »

Reconnaissez le vieillard de *Portia*, d'Alfred de Musset, ce même vieux à tiroir, — dévasté & noble, — qui défraie toute la littérature d'après Juillet.

Trialph & le vieillard se sont compris dans un seul regard : ils se battront à la pointe du jour.

En attendant, Trialph va dîner avec des républicains qui conspirent.

Il sable le champagne.

Il fume des feuilles sèches d'opium.

Les républicains émettent divers procédés pour se défaire du roi Louis-Philippe.

— Je m'offre, s'écrie l'un d'eux, à le piquer avec une aiguille aiguisée d'acide prussique, en lui donnant une poignée de main, *comme il en prodigue aux vils séides qui se foulent au-devant de son cheval..*

— Quand agiras-tu ?

— Je voudrais bien ne plus souffrir du pied : jamais je ne parviendrais à m'échapper...

Interrogé à son tour, Trialph convient qu'il n'eſt qu'un déteſtable farceur dont ils n'ont pas besoin.

Fi du Trialph !

Trialph laisse là cette mauvaise compagnie.

Il entre au Théâtre-Français.

Il se promène dans le foyer, où sont réunis les *ariſtarques de la presse* : « colporteurs de cancans, janséniſtes littéraires ; puis, tout le *servum pecus* romantique des moutons qui bêlent, parce que le bélier marche en avant ; aiglons de basse-cour, rapsodes benêts, automates extatiques qui dansent toute une soirée comme les poupées de l'immortel Séraphin ! »

Ah çà ! dira-t-on, Trialph n'eſt donc pas romantique ?

Certainement non !

Trialph professe des opinions énergiquement classiques, — à la façon d'Eugène Delacroix, — il adore *Athalie* & *Phèdre*.

Trialph classique, c'eſt bien plus drôle !

Ainsi charme-t-il ses loisirs, en attendant l'heure de son duel avec M. de Liadières.

A ce duel, M. de Liadières juge convenable d'amener, en guise de témoin, sa femme, la comtesse, — ce qui déroute entièrement Trialph.

— La religion des usages, pense-t-il, se refuse

à ce que j'assassine le mari de ma maîtresse devant elle. Je n'ai encore rien vu de cela dans aucune de nos pièces, dans aucun de nos romans. Je ne veux pas devancer le drame de la scène dans le drame de ma vie. La littérature crée des mœurs aux sociétés qui veulent sembler vivre. La bonne décence prescrit le reste *aux honnêtes gens qui ont du goût.*

Il essaie de soumettre à M. de Liadières cette observation pleine de délicatesse.

Mais le *beau vieillard* le traite de misérable & lui croise ses deux poings sous le menton.

C'est un ancien militaire, comme tous les vieillards de la littérature.

On arrive dans un endroit écarté, près de la barrière Saint-Jacques.

La femme pleure.

Les deux hommes sautent sur les épées.

Le cocher fume sa pipe, en caressant tranquillement ses bêtes.

Tirade sur le beau temps qu'il fait.

La femme se meurtrit les bras.

Les deux hommes fondent l'un sur l'autre.

Le cocher détourne les yeux.

Tirade sur le duel : « Le duel prouve ce qu'il veut prouver, je le soutiens. On a beau mouler des phrases, tout ce qui n'est pas le duel ment à ceux qui doivent se battre. Le meilleur raisonnement contre les ampoules du ſtyle & les sophismes de la sensibilité, c'eſt que notre eſtomac digère la chair des animaux & notre conscience les conséquences d'un duel honorable. »

La femme s'évanouit...

Trialph vient de faire voler en éclats l'épée de M. de Liadières, il ne veut pas du sang de ce vieillard !

Ce jour-là, par un' hasard étrange, on guillotine un boucher sur la place de la barrière Saint-Jacques ; — la scène de guillotine eſt indispensable dans les romans de 1833 ; — toutes les fenêtres sont louées : à l'une d'elles, Trialph aperçoit Nanine, cette jeune fille du premier chapitre à qui il a adressé une déclaration républicaine. La société eſt fort belle & respire des violettes en attendant le condamné. Comme Trialph eſt connu pour un peu poëte, on le prie de réciter des vers, du *gracieux*, de l'*aérien*.

Trialph récite une ballade intitulé le *Sylphe*, — la crème de sa littérature, dit-il, la meringue de ses œuvres fugitives.

Pendant ce temps-là, Nanine a posé sur le pied de Trialph son joli soulier satiné.

C'en eſt fait, Trialph aimera Nanine. Il l'aime déjà !

— Au large ! s'écrie-t-il, j'aime ! j'aime ! Moi, j'aime d'amour ! C'eſt Nanine que j'aime, & je l'aime plus que je voudrais l'aimer, je le vois. Mais qu'importe ! Je ne suis pas habitué à jeter mes passions au dehors, comme on fait d'un créancier qui mettrait la main sur votre habit, en disant : Vous n'avez pas le droit de porter cet habit !

Puis tout aussitôt — car l'âme de Trialph eſt comme la patte d'oie d'une forêt où se croisent divers sentiers — il lui vient des inquiétudes, des troubles que, par parenthèse, il exprime en très-poétique langage : « A prévoir de loin, peut-être ai-je peur avec raison que cette vierge blonde s'abandonne parfois à des inſtinƈts de coquetterie. Quand, pour me plaindre alors, je m'approcherai d'elle, au milieu de la foule des indifférents, Nanine, je le crois, voudra bien avoir la complaisance de ne pas s'éloigner. Je serai pâle, je tremblerai. D'une bouche timide qui permettra à peine aux sons de ma voix de se faire entendre, je lui dirai : Vous me trompez ! Elle répondra vite : Non !... Et sans que rien l'ait troublée, ensuite elle s'envolera vers d'autres hommages, moins sérieux, moins exigeants. Puis, en se souvenant par hasard de mes inquiétudes : C'eſt un fou qui m'aime trop ! se répétera-t-elle pendant la danse où j'épierai les regards furtifs de ses beaux yeux noirs, presque toujours pleins de bonheur...

« Néanmoins, *je consens à l'aimer!* » ajoute Trialph, en concluant.

Hélas! cher Trialph, tu comptes sans ton ami Erneſt!

Erneſt eſt un jeune homme qui a la main heureusement gantée & qui s'eſt acquis je ne sais quelle grâce à jeter son lorgnon au-devant de toutes les loges d'Opéra.

Au moment où la belle société se porte aux fenêtres pour voir arriver la charrette, Erneſt s'approche de Trialph & lui jette discrètement dans le tuyau de l'oreille la nouvelle de son prochain mariage — avec mademoiselle Nanine de Massy.

— Il me faut un meurtre! murmure Trialph. Enfin!

Je trouve, moi, que ce meurtre s'eſt bien fait attendre.

Le premier meurtre de Trialph, — c'eſt tout uniment un suicide.

Trialph, qui n'y met pas de prétention, se fait un verre d'eau sucrée avec plusieurs petits paquets de morphine; & il l'avale, pendant que le couteau de la guillotine tranche la tête du boucher de la barrière Saint-Jacques.

Fait! comme disent les enfants, au jeu de cache-cache.

Quand il s'eſt empoisonné, Trialph veut assister à un bal : — Oui, s'écrie-t-il, puisque la lutte m'a épuisé avant le terme, ma place de mort est là, aux splendeurs factices de la lumière des bougies, parmi les femmes & les fleurs artificielles, parmi les égoïstes, les repus, les contents, les orgueilleux, les ingrats, parmi les privilégiés, les accapareurs de places, les brevetés, les pensionnés, les distributeurs de médailles & de couronnes, parmi ceux qui volent au jeu de cartes & ceux qui ne se fatiguent pas de la valse adultère !

La *valse adultère !* voilà leur grand mot, leur grande pudeur.

O moralité des Jeune-France !

Au bal, — Trialph danse comme un perdu, il boit du punch, il copie sa ballade du *Sylphe* sur l'album d'une vieille dame, il se livre à la valse adultère, il fait mille gambades, — &, en fin de compte, il reconnaît qu'il s'est mal empoisonné. Déception !

Au désespoir d'avoir manqué son coup, Trialph se rend dans le bureau d'un journal, &, moyennant quelques centimes, il fait insérer les lignes suivantes :

« Un particulier, décidé au suicide, désire exploiter avantageusement sa mort, pour payer la corbeille de noces d'une femme, qu'un de ses amis arrache à son amour. Il offre donc le sacrifice de sa vie à la merci d'un projet quelconque, moyennant une somme dont il sera convenu entre les parties intéressées. — S'adresser, pour les renseignements, à M. A. B., poſte reſtante, à Paris. »

Cette annonce a pour résultat d'amener une lettre anonyme qui enjoint à Trialph de se trouver, masqué, au bal de l'Opéra.

Là, Triaph se voit accoſté par M. le comte de Liadières, qui lui offre une somme assez rondelette s'il veut assassiner la comtesse.

Stupeur de Trialph!

Après quelques inſtants de réflexion, il accepte la somme & va la jouer à Frascati.

Frascati! le jeu! les impures en décolleté de dentelles! le râteau infernal! les doigts maigres qui s'allongent en tremblant pour froisser les billets de banque! les visages pâles & froids sous la sueur! Encore un thème que Trialph se garde bien de laisser échapper, & sur lequel il brode les plus *voyantes* métaphores.

Trialph rencontre Erneſt à Frascati.

— Erneſt, veux-tu que je te joue ta femme Nanine?

— Farceur!

— Huit mille francs?

— Immoral!

— Seize mille?

— Diable!

Erneſt se laisse tenter : il joue & il perd.

— Maintenant, ta maîtresse? continue Trialph.

— Soit.

Erneſt perd encore; il perd toujours.

Néanmoins, comme c'eſt un beau joueur, il conduit mélancoliquement Trialph sous le balcon de sa maîtresse; il lui montre l'échelle de corde préparée, la fenêtre myſtérieusement entr'ouverte, &, étouffant un soupir, il lui dit : Va!

— Bah! exclame Trialph; mais c'eſt chez la comtesse de Liadières?

— Sans doute.

— Madame de Liadières serait ta maîtresse?

— Depuis six mois.

— Anathème!

Trialph bondit sur Erneſt, & le jette, sanglant, sur le pavé.

Après quoi, il escalade le balcon.

. . . .

« Le comte parut.

« Il était tête nue, & croisait ses deux bras sur sa poitrine.

— « Avez-vous fini?

— « Oui, répondis-je en montrant la comtesse étendue sur le parquet.

« Le vieillard prit un flambeau & se hâta d'incendier les rideaux & les toiles de la chambre adultère. »

Deux heures après, une berline roule vers l'Océan.

Elle emporte Trialph au suicide.

Il a tué Erneſt, il a tué madame de Liadières, il a tué Nanine — en lui chatouillant la plante des pieds; il va se tuer à son tour.

Sur la plage, Trialph coudoie un comédien à qui il remet ses mémoires ou plutôt ce qu'il appelle ses *Roueries* :

« Nous nous complimentâmes longtemps sur le port en face de l'eau.

« Il m'a quitté enfin, l'*égoïſte !*

« A la mer, à la mer, le Trialph ! »

FIN.

Voilà ce livre tout entier, — une des expressions les plus fidèles de l'orgie romancière. J'ai disséqué celui-là, afin d'être dispensé de disséquer les autres, — car il y en a d'autres. Il y a le *Champavert*, de Petrus Borel; il y a les premières frénésies de Jules Lacroix. Il y en a de pires encore, auprès desquels les productions clandeſtines du Directoire ne sont que des berquinades. — Rappelons souvent cela, afin d'*innocenter* les nouveaux venus de la littérature, dont les quelques écarts ont pu être incriminés par des ermites de la critique, dont la robe de bure ne cachait pas assez la queue frétillante des diables de 1833.

Lassailly valait mieux que son livre, ce qui ne veut pas dire que son livre ne vaille absolument rien. Vous y aurez remarqué, comme moi, des formules attrayantes & nouvelles, d'heureuses témérités, un certain esprit qui, loin de courir les rues, marche sur la crête des toits.

Ce qu'on ne trouve pas dans les *Roueries de Trialph,* ce sont des *roueries,* — & je m'explique difficilement un pareil titre, à moins que le roman lui-même ne soit d'un bout à l'autre une myſtification, ce qui pourrait bien être, mais ce que j'hésite à croire : — Lassailly n'était pas si gouailleur !

Abrégeons.

Il y a la beauté du diable, qui eſt simplement la jeunesse & la fraîcheur. Ne peut-on pas dire aussi qu'il y a la littérature du diable ?

La littérature du diable, — c'eſt le délire, c'eſt l'emportement, c'eſt l'abandon, c'eſt l'incohérence, c'eſt tout ce qu'il ne faut pas.

C'eſt tout ce qui plaît, sans avoir raison de plaire.

Lassailly appartenait, par ses premières feuilles noircies, à cette littérature maudite & chiffonnée, qui semble avoir fait un pacte avec la Mort (1)....

---

(1) Voici les titres de quelques nouvelles publiées par Lassailly dans le feuilleton du *Siècle* :
Le Dernier des Pétrarque.
Les Gouttes de digitale.
Grégorio Banchi.
Un Secrétaire du 18e siècle, ou le Griffon de la vicomtesse de Solanges.
La Trahison d'une fleur.
Chercher dans la collection du *Monde illuſtré* un article de M. Hippolyte Lucas sur Lassailly.

CHATEAUBRIAND

CHATEAUBRIAND (1)

Depuis longtemps, nous désirions parler de M. de Chateaubriand, un de ces grands cœurs qui rehaussent les lettres & font que le plus humble d'entre les écrivains en marche plus fermement dans l'orgueil de sa profession. Pendant ces dix-huit ans de monarchie conſtitutionnelle, la littérature a été tellement compromise par une nuée d'étourdis; on en a tellement fait une chose de bavardage & de négoce; on s'eſt tellement moqué, en le volant, du lecteur du dix-neuvième siècle, que nous avions besoin de remercier celui des littérateurs qui eſt conſtam-

---

(1) Cette étude a été publiée dans le journal *la Presse*, en guise d'introduction aux *Mémoires d'Outre-Tombe*.

ment resté le plus digne, sans cesser d'être le plus renommé.

Il était l'honnête homme, il était le grand homme. Son nom remplissait la littérature & l'inondait d'une lumière d'or. Un jour de république il s'en est allé, doux & triste, la main dans la main de ceux qui l'ont aimé. On a porté son corps en Bretagne, selon son dernier vœu, & tout a été dit. — Passez maintenant devant cette maison silencieuse de la rue du Bac qui porte le n° 112; on vous montrera la chambre de Chateaubriand, la table de Chateaubriand, le lit où il est mort.

Aujourd'hui, si nous allons essayer de rappeler quelques traits de cette figure vaste & mélancolique, si nous redescendons pas à pas dans son œuvre, c'est donc moins pour remplir un devoir de critique que pour adresser un dernier hommage à celui qui fut pendant si longtemps la plus brillante expression de la France littéraire, — le dernier gentilhomme peut-être, le plus grand chrétien à coup sûr.

Chateaubriand appartient à cette famille de penseurs-colosses, devant lesquels on s'arrête deux fois avant d'entreprendre d'en faire le tour. L'ensemble de leurs travaux inspire un respect qu'ordonneraient au besoin leur caractère & l'estime radieuse qu'on leur a vouée. C'est depuis le Consulat que dure la gloire de l'auteur du *Génie du Chriſtianisme;* &, en France, si les succès d'une heure ont rarement raison, les succès d'un demi-siècle n'ont jamais tort. Qui a été grand homme pendant cinquante ans eſt assuré de l'être toujours.

Ce qui nous frappe le plus dans l'œuvre de Chateaubriand, c'eſt Chateaubriand. L'hiſtoire d'une pensée eſt parfois aussi remplie d'enseignements que cette pensée elle-même. L'auteur eſt le premier de ses livres, — ou du moins celui qui donne la clef de tous les autres. Or, qu'on nous dise une plus belle hiſtoire que celle de ce poëte, de ce militaire, de ce voyageur, de ce miniſtre, de cet ambassadeur, de ce pair de France. Pas un rivage qu'il n'ait connu, pas une renommée qu'il n'ait savourée, pas une misère qu'il n'ait soufferte.

Nous ne nous cachons pas la témérité & l'importance des lignes que nous allons tracer. Par la place qu'il occupe dans le siècle, Chateaubriand méritait peut-être qu'une plume mieux connue écrivît sa gloire & son génie. Nous n'appartenons pas à la génération qui l'a vu vivre : nous appartenons à celle qui l'a vu mourir; mais nous appartiendrons surtout à celle qui le verra se survivre. Où donc serait le mal quand on demanderait quelquefois à la jeunesse son opinion sur les hommes & les choses du temps? Il est bon de s'inquiéter de ce que pensent du présent ceux qui seront l'avenir.

Un matin de juillet dernier, deux voitures noires gagnaient tristement les côtes de Bretagne. Dans l'une d'elles, il y avait le corps du grand auteur. Dans l'autre, il y avait un curé, un exécuteur testamentaire, & François, le valet de chambre. Ces deux voitures arrivèrent ainsi à une petite ville voisine d'Avranches. Pendant qu'elles stationnaient sur la route en attendant des chevaux, une dame d'un certain âge, tenant un modeste bouquet enveloppé dans du papier, s'approcha avec crainte. Elle déposa son présent sur la banquette intérieure en disant à voix basse : — *C'est pour M. de Chateaubriand; c'est tout ce que j'ai pu me procurer.*

Nous faisons comme la vieille dame. Voici notre bouquet.

I

Chateaubriand entra dans la vie par la grande porte des forêts. Enfant de cette sombre Bretagne qui ne produit que des hommes-chênes ou des conscrits noſtalgiques, il en garda toujours le double caractère de force & de mélancolie. Les fées aux harpes d'or, qui veillent dans ces antiques feuillages, descendirent sur son berceau pour lui nouer au front la verveine sacrée. On l'éleva dans un château noir d'où il entendait chanter la mer, — la mer, sa première & sa dernière passion !

Mais sa jeunesse fut triſte comme un poëme d'Ossian. Ne jetez pas vos enfants dans les bois. La nature *toute seule* eſt un maître dangereux, qui fera d'eux des sauvages si elle n'en fait des poëtes, des monſtres si elle n'en fait des génies. Il vaut mieux d'abord se heurter contre la société que de se blesser aux troncs des arbres. Le mal qui vient des hommes se guérit plus facilement que celui qui vient de Dieu.

Alors, comme le *Tambour Legrand,* de Henri Heine, Chateaubriand avait des larmes *qu'il ne pouvait pas pleurer.* Au château de Combourg, on ne connaissait ni les tendresses de la famille, ni les sourires du foyer; jamais il ne sentit deux bras jetés autour de son cou. Sa mère le poussait à l'église, son père ne le poussait à rien. Hésitant & délaissé, il se contentait de rimer de mauvais vers; lorsque, du fond de sa jeunesse, farouche comme celle de Rousseau, s'éleva ce myſtérieux amour qui nous valut plus tard un chef-d'œuvre de douleur.

Ah! le premier amour des poëtes, c'eſt là qu'il faut chercher le secret de leur vie! Énergie ou faiblesse, leur douceur ou leur cruauté, leur abaissement ou leur gloire, penser que tout cela tient en germe dans un coin du cœur de la première femme rencontrée! C'eſt Manon qui nous dit les désordres & les folles larmes de l'abbé Prévoſt; c'eſt Pimpette dont les baisers feront les éclats de rire de Voltaire; Frédérique délaissée explique le *Fauſt* de Gœthe, & le pâle sourire de Lucile ajoute une page à *René.*

Cette hiſtoire qui ne ressemble à rien, pleine d'audace ténébreuse, cette grande tragédie en cinq ou six feuillets, où des filets de sang se sont mêlés sans doute à l'encre qui les a écrits, ce petit roman fataliſte contient Chateaubriand tout

entier. A d'autres les amours faits de sourires &
d'aventures, le sonnet soupiré aux pieds de la
femme en robe de bal, dans un boudoir odorant.
En Bretagne, du côté de la mer, sous les arbres
remplis d'une plainte éternelle, cela se passe
autrement. L'amour eſt fait d'une plus funeſte
essence. Il eſt rare qu'on en guérisse; Chateaubriand n'en a pas guéri.

Pauvre gentilhomme breton! enfant des solitudes mauvaises! Un jour, en te rappelant ta
jeunesse désolée, tu devais écrire cet involontaire
aveu : « Nous sommes persuadés que les grands
écrivains ont mis leur hiſtoire dans leurs ouvrages. *On ne peint bien que son propre cœur,
en l'attribuant à un autre;* & la meilleure partie du génie se compose de souvenirs. »

Elle s'appelait Lucile. Ce nom, il ne l'a jamais dit, il ne l'a jamais tracé. C'était moins
une jeune fille qu'une ombre de jeune fille, glissant à peine sur terre & prête à se dissoudre en
ondoyante vapeur, comme ces figures que les
peintres montrent vaguement dans le lointain
des forêts enchantées. Pour je ne sais quel motif, expliqué par la science médicale, un collier
d'acier comprimait les ondulations de son cou
flexible & long comme celui d'un cygne. Cette
étrange enfant était consumée par une sensibilité
nerveuse développée à l'excès; & l'on eût dit, à

la voir frêle, gracieuse & blanche, une de ces vierges, nées d'une larme, qui se trouvent au fond de quelques poëmes myftiques. Tous deux, le frère & la sœur, se promenaient souvent dans les landes, ou bien, assis sur la chaussée de l'étang, ils laissaient venir à eux la nuit étoilée, avec ses rumeurs confuses & ses chauds parfums qui gagnent imperceptiblement le cœur & finissent par le submerger.

Pourquoi voulait-il se tuer? — Un jour, le fusil sous le bras, il descendit plus lentement que de coutume le perron du château; il se dirigea vers le bois; parvenu à l'extrémité du grand mail, il se retourna pour regarder pardessus les arbres une petite tourelle; — il disparut...

Et lui aussi, *René,* avait rêvé le suicide; mais, entre la tombe & lui, une voix s'était élevée : « Ingrat, tu veux mourir, & ta sœur exifte ! Tu soupçonnes son cœur! Ne t'explique point, ne t'excuse point, je sais tout; j'ai tout compris, comme si j'avais été avec toi. Eft-ce moi que l'on trompe, moi qui ai vu naître tes premiers sentiments ? Voilà ton malheureux caractère, tes dégoûts, tes injuftices ! Jure, tandis que je te presse sur mon cœur, jure que c'eft la dernière fois que tu te livreras à tes folies; fais le serment de ne jamais attenter à tes jours! »

Chateaubriand tint le serment de *René*. Quelques heures après, calme en apparence, il rentrait au manoir de Combourg. Ce qui s'était passé dans son âme, Dieu seul le sait. Tous les hommes forts comptent un jour semblable à l'entrée de leur vie, un jour où ils se demandent s'il eft nécessaire d'aller plus loin & s'il ne vaudrait pas mieux briser sa pensée que de se laisser briser par elle; si la mort innocente n'eft pas préférable à la vie coupable, & lequel eft le moins désespérant du jeune suicide de Chatterton ou du vieux suicide de Jean-Jacques ? Ceux qui sortent de cette épreuve, ce sont les ambitieux & les chrétiens. Prêt à se noyer, celui-là regarde l'eau avec un sourire & rebrousse chemin : c'eft Napoléon. Celui-ci détourne le canon de son fusil, avec une larme : c'eft Chateaubriand.

J'ai dit qu'on voulait faire de lui un prêtre. Au collége où il fut envoyé à cette intention, on lui donna la chambre & la couchette de Parny. Dans cette chambre & sur cet oreiller, tiède de rimes libertines, Chateaubriand essaya vainement de devenir prêtre. Il ne trouva pas un froc à sa taille. Malgré lui, il se vit obligé de « rapetisser sa vie pour la mettre au niveau de la société, » & comme dans ce temps-là il fallait absolument être quelque chose en attendant de devenir quelqu'un, il endossa le premier uniforme venu qui lui tomba sous la main.

Aussi bien, j'aime mieux voir Chateaubriand entrer dans son siècle avec une épée qu'avec une soutane. Partie d'un soldat & d'un gentilhomme, la restauration religieuse qu'il doit fonder un jour en sera plus importante & mieux assise. Il y a du sang de croisé dans ses veines; c'est Tancrède revenu pour replanter une seconde fois la croix sur le tombeau de Dieu le Fils.

Qu'on se figure un jeune homme de petite taille, fort maigre, aux épaules un peu élevées, *ainsi que dans toutes les grandes races militaires,* selon une de ses expressions. Sa tournure est inquiète, presque timide. Il penche habituellement la tête; mais c'est une tête sculptée avec largeur comme la plupart des têtes bretonnes, épais cheveux, épais sourcils, regard habité par la pensée. Si c'est particulièrement au front, blason vivant, que se reconnaissent les gentilshommes de l'intelligence, le chevalier de Chateaubriand porte sur le sien sa noblesse inscrite en lignes splendides. Pâle comme Bonaparte, de cette pâleur qui n'a rien à démêler avec la maladie, il y a sous l'accent profond de ses traits une teinte de mélancolie hautaine qui ne le quittera plus. Le nez est long, insensiblement courbé

& pincé vers son extrémité inférieure. La bouche eſt petite, avec des lèvres minces qu'on sent aussi avares de paroles que le reſte de la physionomie semble riche de pensées. En résumé, c'eſt une tête d'un beau ſtyle, pleine de noblesse & d'observation. Ce grand air d'ariſtocratie qui prédomine & doit plus tard se refléter dans ses œuvres ne peut évidemment appartenir qu'à un écrivain de la famille galonnée des Montesquieu & des Buffon.

Il avait alors vingt ans. Quand il entra dans Paris, le fameux dix-huitième siècle, gorgé de folies & de crimes, allait rendre le peu qu'il avait d'âme. Chateaubriand assiſta aux derniers débattements du monſtre sur le sable doré de la cour.

On allait chaudement en besogne de vice. Sentant que la mort la tirait par la jambe, la noblesse se dépêchait à boire la joie & le luxe à double tasse. Chaque jour amenait son extravagance nouvelle.

Notre jeune & fier Breton passa brutalement à travers les toiles galantes des araignées de l'Opéra, sans y laisser ailes ni pattes. Tout le monde se rangea devant son amour ignoré; & par-dessus les haies de Trianon il put regarder, sans danger pour son cœur, les fêtes nocturnes de la reine autrichienne. On l'invita une fois à monter dans les carrosses de Sa Majesté, pour suivre la chasse. Peut-être fut-ce ce jour-là qu'il vit Louis XVI laisser tomber en riant un pavé sur le ventre d'un de ses gardes endormis.

Toute la société de ce temps, qui avait encore la tête sur les épaules, défila devant ses yeux : les héros, les scélérats, les laquais, les bourgeois, tous les guillotinés de l'avenir. Il dîna avec Mirabeau, il trinqua avec Mirabeau. Et en revanche Mirabeau, le regardant en face, lui mit sa large main sur l'épaule. Le petit lieutenant faillit en être disloqué : « Je crus sentir la griffe de Satan, » dit-il. Mirabeau à table, bruyant, verveux, déchirant ses dentelles, valait presque Mirabeau à la tribune. Il buvait comme Bassompierre, il riait comme Borée. Chateaubriand ne le quittait pas du regard, & déjà sans doute se gravaient dans sa mémoire les lignes vigoureuses avec lesquelles il devait tracer le portrait de ce *grand homme & de ce grand coquin*, comme disait M. de Condé :

« Mêlé par les désordres & les hasards de sa vie aux plus grands événements & à l'existence des repris de justice, des ravisseurs & des aventuriers, Mirabeau, tribun de l'aristocratie, député de la démocratie, avait du Gracchus & du Don Juan, du Catilina & du Guzman d'Alfarache, du cardinal de Richelieu & du cardinal de Retz, du roué de la Régence & du sauvage de la Révolution; il avait de plus du Mirabeau... Sa laideur, appliquée sur le fond de beauté particulière à sa race, produisait une sorte de puissante figure du *Jugement dernier* de Michel-Ange. Les sillons creusés par la petite vérole sur son visage avaient plutôt l'air d'escarres laissées par la flamme. La nature semblait avoir moulé sa tête pour l'empire ou pour le gibet, taillé ses bras pour étreindre une nation ou pour enlever une femme. Quand il secouait sa crinière en regardant le peuple, il l'arrêtait; quand il levait sa patte & montrait ses ongles, la plèbe courait furieuse. Au milieu de l'effroyable désordre d'une séance, je l'ai vu à la tribune, sombre, laid & immobile : il rappelait le Chaos de Milton, impassible & sans forme au centre de la confusion. »

Ce portrait, qui tient plutôt du buste que du tableau, du marbre plutôt que de la toile, est une des belles choses de Chateaubriand. Il donne une magnifique idée de sa manière & de son style (1).

(1) Dans son livre de *Philosophie & littérature*, M. Victor Hugo a, lui aussi, esquissé cette grande figure de Mirabeau. Il est peut-être curieux de comparer le choc de ces deux pensées sur le même homme, l'étincelle de ce fer rouge

Mais ce qu'il avait désir de voir, c'étaient principalement les cercles du beau langage, les salons à la mode, l'Académie & ses succursales. N'avait-il pas dans une des basques de son uniforme deux à trois milliers de rimes, oiseaux brillants qui n'aspiraient rien tant qu'aux délices de la volière ?

Compactement rangés, entre les acteurs & les spectateurs, comme des musiciens dans un théâtre, les littérateurs continuaient à jouer *rinforzando* l'ouverture de la Révolution française, commencée depuis cinquante ans environ. La toile allait se lever. A la place du chef d'orcheftre

---

sous ces deux marteaux. Voici le texte de M. Victor Hugo :

« Tout en lui (Mirabeau) était puissant. Son gefte brusque & saccadé était plein d'empire. A la tribune, il avait un colossal mouvement d'épaules, comme l'éléphant qui porte sa tour armée en guerre. Lui il portait sa pensée. Sa voix, lors même qu'il ne jetait qu'un mot de son banc, avait un accent formidable & révolutionnaire qu'on démêlait dans l'Assemblée comme le rugissement du lion dans la ménagerie. Sa chevelure, quand il secouait la tête, avait quelque chose d'une crinière. Son sourcil remuait tout, comme celui de Jupiter, *cuncta supercilio moventis*. Ses mains quelquefois semblaient pétrir le marbre de la tribune. Tout son visage, toute son attitude, toute sa personne était bouffie d'un orgueil pléthorique qui avait sa grandeur. Sa tête avait une laideur grandiose & fulgurante dont l'effet par moments était électrique & terrible. Le génie de la révolution s'était forgé une égide avec toutes les doctrines amalgamées de Voltaire, d'Helvétius, de Diderot, de Bayle, de Montesquieu, de Hobbes, de Locke & de Rousseau, & avait mis la tête de Mirabeau au milieu. »

il y avait Beaumarchais, l'héritier direct de Voltaire & qui, pour la société d'alors, valut *une peste*, comme Chateaubriand valut plus tard *une armée* pour la Restauration.

Chateaubriand ne vit pas apparemment le côté grave de tout cela. Ce n'était qu'un jeune homme. Au moment où le siècle craquait & chancelait comme le Panthéon de Soufflot, il se faufilait entre deux paravents, sur la pointe du pied, dans la compagnie des infiniments petits de la littérature. « On *parla de moi* chez Lebrun & chez Flins des Oliviers. »

A la fin, pourtant, il commença par comprendre combien était puérile cette préoccupation de tous les instants. Il y renonça. Ainsi dit *René :* « J'avais voulu me jeter dans un monde qui ne me disait rien & qui ne m'entendait pas : ce n'était ni un langage élevé ni un sentiment profond qu'on demandait de moi. Traité partout d'esprit romanesque, *honteux du rôle que je jouais*, dégoûté de plus en plus des choses & des hommes, je pris le parti de me retirer dans un faubourg pour y vivre totalement ignoré. Je trouvai du plaisir dans cette vie obscure & indépendante. Inconnu, je me mêlais à la foule, vaste désert d'hommes ! »

Mais, sur ces entrefaites, la Révolution marchait. Elle vint droit à lui. Il en eut peur, & il

recula. Son heure d'action n'était pas sonnée.
Trop dédaigneux peut-être, il regarda se traîner
dans les ruisseaux de Paris les vainqueurs de
la Baftille, & détourna la tête de l'œuvre de fer
qui s'apprêtait. La noblesse tout entière émigrait
à Coblentz. Chateaubriand émigra au Nouveau-
Monde. Avant de connaître les hommes, il
voulut connaître l'homme.

Toutefois, il ne partit pas sans dire à revoir.
La Harpe, qui était le concierge de la littérature
du dix-huitième siècle, lui préfenta le *Mercure*
pour qu'il y inscrivît son nom, comme c'était
l'usage. Chateaubriand y mit je ne sais quels
vers sur l'*Amour de la campagne,* une sorte
d'idylle — au nez de laquelle il a dû bien rire
plus tard, & où l'on remarque ce diftique :

> Au séjour des grandeurs mon nom mourra sans gloire,
> Mais il vivra longtemps sous les toits de roseaux.

C'était le contraire qu'il fallait dire. M. de
Chateaubriand a été meilleur prophète sur la fin
de ses jours.

II

« Voici le plaqueminier; sous le plaqueminier il y a un gazon; sous ce gazon repose une femme. Moi, qui pleure sous le plaqueminier, je m'appelle Celuta; je suis fille de la femme qui repose sous le gazon, elle était ma mère.

« Ma mère me dit en mourant : Travaille, sois fidèle à ton époux quand tu l'auras trouvé. S'il eft heureux, sois humble & timide; n'approche de lui que quand il te dira : Viens, mes lèvres veulent parler aux tiennes.

« S'il eft infortuné, sois prodigue de tes caresses; que ton âme environne la sienne, que ta chair soit insensible aux vents & aux douleurs. Moi, qui m'appelle Celuta, je pleure maintenant sous le plaqueminier; je suis la fille de la femme qui repose sous le gazon. »

Ainsi chante une jeune fille couronnée de fleurs de magnolia & vêtue d'une robe blanche d'écorce de mûrier. Assise au milieu des Indiens, sur l'herbe semée de verveine empourprée

& de ruelles d'or, René l'écoute & la regarde d'un air attendri.

Le voilà bien loin du pays breton. Cette soif de solitude qui le tourmente comme tous les génies auſtères, il peut l'assouvir maintenant. Entre Dieu & lui la civilisation ne tend plus ses voiles. Son cœur souffre toujours, mais sa pensée grandit & se dégage. Laissez faire : peu à peu le soleil du désert dissipera sur son front l'ombre des bois de Combourg.

Il eſt probable que, sans le voyage en Amérique, Chateaubriand n'eût jamais été qu'un timide élève de La Harpe & de Ginguené, — un poëte de salon tenu perpétuellement en bride par les guirlandes artificielles de la coterie académique. Tout au plus se fût-il élevé un jour à la bien innocente réputation d'Esménard ou de l'auteur du *Printemps d'un Proscrit*.

Au contraire, Chateaubriand, jeté en plein Nouveau-Monde, chair blanche au milieu des chairs peintes, Chateaubriand égaré sous la lune de feu, mangeant des *tripes de roche* & respirant l'odeur d'ambre qu'exhalent les crocodiles dans les glaïeuls; le jeune officier du régiment de Navarre chassant le caſtor avec le sachem des Onondagas, après avoir couru le cerf avec Louis XVI; le rimeur de l'*Almanach des Muses* enfin, chez les Iroquois, devait se transformer invinciblement, &, parti avec l'idylle sur l'*Amour de la campagne,* revenir avec le *Génie du Christianisme.*

Le voyage en Amérique fut toute une révélation pour lui. Ses convictions classiques, entaillées à la racine, ne devaient jamais bien se remettre ; et le *Cours de Littérature* commença à s'évanouir à ses regards dans la poussière humide du Niagara. Qu'on s'imagine, en effet, l'étonnement d'un littérateur du dix-huitième siècle à l'aspect de cette nature géante, vivace, inconnue, gracieusement terrible; & quel puissant soufflet Dieu ne donnait-il pas devant lui au jardinier Le Nôtre! Tombé au milieu des hérons bleus, des flamants roses, des piverts rouges, Chateaubriand dut sourire en songeant à ce vieil oiseau français — *Philomèle* — sur lequel nous vivons uniquement depuis l'ère mythologique. Le souvenir encore plein des héros de Racine & de Voltaire, n'ayant vu de sauvages que dans la tragédie d'*Alzire,* est-ce qu'il ne recula pas à la vue du premier Siminole qui se dressa devant lui, la perle pendante au nez, les oreilles en découpures, & portant un hibou empaillé sur la tête?...

Le mal est peut-être qu'il n'y demeura pas assez longtemps pour l'anéantissement complet de sa rhétorique. Deux ans de plus, & Chateaubriand eût tout à fait noyé ses vieilles formules dans l'Ohio. Son passage trop rapide à travers la campagne ardente a produit un ſtyle mixte, où le sauvage & le gentilhomme apparaissent à intervalles égaux.

Pourquoi partit-il si brusquement ? quel souci lui fit déserter l'ajoupa & renoncer aux splendeurs des nuits américaines ? On l'ignore, & lui-même sans doute l'ignorait aussi. Il y avait alors dans l'air un tourbillon brûlant qui dispersait aux quatre coins du monde la plupart des hommes de ce siècle : l'abbé Maury à Rome, Louis-Philippe à Elseneur, M. de Jouy à la cour de Tippoo-Saëb & Chateaubriand partout. Peut-être entendit-il, comme René, une voix qui lui disait : « Que faites-vous seul au fond des forêts, où vous consumez vos jours, négligeant vos devoirs ? Des saints, direz-vous, se sont ensevelis dans les déserts ! Ils y étaient avec leurs larmes & employaient à éteindre leurs passions le temps que vous perdez peut-être à allumer les vôtres. Quiconque a reçu des forces doit les consacrer au service de ses semblables. » Chateaubriand écouta cette voix & repassa les mers.

Il a dit plus tard que son but était de rejoindre l'armée de Condé. Cela eſt possible. Mais à peine en France, — alors que la Révolution fait de

Paris un vaste centre de fermentation sociale, alors que les clubs discutent, que le peuple tonne, que Mirabeau expire; pendant que la Monarchie se sauve par une porte dérobée & que la République la ramène par l'oreille; lorsque Sanson se pavane le matin sur son trône de Grève & va le soir, les mains lavées, au théâtre du Vaudeville; à l'heure où tout frémit, où tout pâlit, où tout se glace, — Chateaubriand, lui, s'en va tranquillement trouver une jeune fille qu'il a deux ou trois fois entrevue; il lui parle, elle lui sourit; il lui offre de l'épouser & il l'épouse. René se marie.

Une fois marié, — alors il émigra.

C'est de ce moment que date sa véritable misère & son noviciat d'homme. Jusqu'à présent, ce n'a guère été qu'un poétique, élégant & douloureux rêveur; aujourd'hui le voilà qui saute à pieds joints dans la vie prosaïque & affamée, qui souffre du corps, qui est jeté dans un fossé comme un chien, qui n'a pas le sou, qui est mis à la porte par les filles d'auberge, couvert de plaies, souillé de fange, contagié & la cuisse entortillée de paille, ainsi que les gueux des plus implacables *eaux-fortes*. — Mourant, il se traîne sur les mains; on le pose dans un fourgon, la moitié du corps pendant en dehors; on l'embarque à fond de cale & on le rejette de nouveau à terre. Quelqu'un passant par hasard, — un bon Samaritain de Guernesey, — lui tourne le visage vers le soleil & l'adosse contre un mur. Puis il s'éloigne.

Mais le génie a la vie dure. Quelques mois plus tard, M. de Chateaubriand était à Londres. Retiré dans un faubourg, au fond d'une maison vieille, devant une table branlante, il commençait l'*Essai sur les Révolutions*, & traduisait de l'anglais, aux gages d'un libraire. Pendant huit ans, il *mangea du grenier*, pour parler le langage des artistes. Son habit était râpé ; il ne sortait que le soir. Dans ses marches mélancoliques, on le voyait traverser le village de Harrow, à l'époque où une tête d'enfant vive & bouclée, — celle de lord Byron, — se montrait souvent aux fenêtres de l'école.

J'aime cette misère de Chateaubriand & jusqu'à ce pauvre habit nocturne que j'eusse voulu lui voir conserver toujours, comme fit le visir des Contes, jadis gardeur de troupeaux. M. M*** lui avait dit un jour : — « Il n'y a qu'une infortune réelle, celle de manquer de pain. » Et souvent l'auteur de *René* eut l'occasion de se trouver réellement malheureux. Il parle en maint endroit du droguiste & du marchand de poignards qui demeuraient à sa porte. Mais ce ne sont que des déboires passagers, après lesquels, résigné & rêvant, nous le retrouvons par les rues de Londres, allant au hasard, les yeux dans les étoiles, ou bien occupé

> Devant quelque palais, regorgeant de richesses,
> A regarder entrer & sortir les duchesses.

« Quant à la haute société anglaise, chétif exilé, je n'en apercevais que les dehors. Lors des réceptions à la cour ou chez la princesse de Galles, passaient des ladies assises de côté dans des chaises à porteurs ; leurs grands paniers sortaient par la porte de la chaise, comme des devants d'autel ; elles ressemblaient elles-mêmes, sur ces autels de leurs ceintures, à des madones ou à des pagodes. Ces belles dames étaient les filles dont le duc de Guines & le duc de Lauzun avaient adoré les mères : & ces filles étaient, en 1822, les mères & les grand'mères des petites-filles qui dansaient chez moi en robes courtes au son du galoubet de Collinet. »

L'*Essai* terminé, il le vendit à un brave éditeur de Gerrard-Street. C'eſt un ouvrage sans tête ni queue, triſte, fou, anglais enfin, où le ſtyle vagabonde en compagnie de la pensée. On y trouve des pages éclatantes & des absurdités énormes, un parallèle entre Alexandre & Pichegru, — des fragments d'un poëme sanscrit,

— la négation de l'authenticité du Nouveau-Testament; &, par dessus le marché, une fable de Mancini-Nivernois, intitulée *Le Papillon & l'Amour*. Tout cela eut beaucoup de succès en Angleterre.

Plus tard, c'est-à-dire trente ans après, Chateaubriand s'est prononcé lui-même sur cette production avec une brutalité sans exemple. Les notes qu'il y a ajoutées dans l'édition de ses œuvres complètes concourent à faire de ce livre un des monuments les plus singuliers de la littérature. « Je ne saurais trop souffrir pour avoir écrit l'*Essai*, » dit-il en commençant ; ce ne sont qu'*idiotismes* & *sottes impiétés;* une *rage,* une *impertinence.* « Qu'est-ce que je veux dire ? En vérité, je n'en sais rien ; je me crois sans doute profond ! Comme j'arrangeais la langue ! quel barbare ! » Tantôt, c'est une approbation ironique : « Pas trop mal pour un petit philosophe en jaquette, » & mille autres épithètes, qui font qu'on se sent ému de pitié malgré soi & prêt à demander grâce pour lui-même à M. de Chateaubriand. Mais, la discipline à la main, l'auteur de l'*Essai* se retourne & vous répond comme cette femme dans Molière : — Eh ! si c'est mon plaisir, à moi, d'être battu ?

Chateaubriand vécut sur l'*Essai* jusqu'au commencement du dix-neuvième siècle, époque

à laquelle il rentra en France clandeſtinement &
sous un faux nom, — comme s'il se fût agi de
passer son talent en contrebande.

III

« Encore des romans en A! J'ai vraiment bien
le temps de lire toutes vos niaiseries! » s'était
écrié le premier consul, un jour que sa sœur,
madame Bacciochi, était venue le trouver, un
petit volume à la main. Ce petit volume était
l'*Atala* de Chateaubriand.

Dire la clameur assourdissante qui se fit autour de ce livre, c'eſt difficile. Son auteur marcha
dans la gloire, & fut reçu dans tous les salons.
On le traduisit à son tour, lui qui avait tant
traduit; de son œuvre on fit des tableaux, des
parodies, des caricatures, des éloges, des épi-
grammes. L'Europe entière en fut remuée.
Voyageant plus tard en Turquie, à la porte
d'une mosquée où il avait décliné son nom,
Chateaubriand vit accourir vers lui, les bras
ouverts, un musulman qui l'accueillit par cette

exclamation : *Ah! ma chère René & mon cher Atala!* — Ce n'était pas correct, mais c'était flatteur.

Atala est restée au fond de notre jeunesse comme un souvenir charmant, mêlé aux choses les plus intimes du catholicisme & de l'amour, comme un lointain bruissement d'orgue. La génération actuelle l'a lu au sortir de sa première communion, sur le coin d'un *forte-piano,* alors que tout Paris allait admirer les tableaux de Gérard, après une revue passée par le général Molitor. Aujourd'hui, en tout temps, sous tous les points de vue, *Atala* demeure une fantaisie délicieuse, un roman-curiosité, plein de chatoiements bizarres, & qui, pour la fidélité locale du style, sinon pour l'attendrissement profond du sujet, laisse en arrière *Paul & Virginie.* Tel chapitre est colorié, criard & gracieux comme un plumage d'ara. C'est le premier roman travaillé de forme; car Chateaubriand est le premier qui ait fait de sa plume un outil & de sa phrase une matière solide.

Mais ce n'était rien qu'un frivole prélude au *Génie du Christianisme,* un petit cantique avant une grand'messe. Dépouillé maintenant de ses idées de philosophe, Chateaubriand aspirait de toutes ses forces vives à l'initiative d'une réaction religieuse. On ne pouvait mieux choisir le moment. La France, abrutie de sang sous la Terreur, abrutie de vin sous le Directoire, hier furie, aujourd'hui bacchante, s'anéantissait tout entière dans les orgies du Palais-Royal. Après avoir mangé la salade d'anchois dans le saint ciboire, elle allait chez le traiteur Méot s'enivrer d'un vin dont il n'eût pas donné une bouteille pour tous les assignats de la terre. Puis elle s'attardait avec les nymphes empanachées du Perron. Ainsi Bonaparte l'avait-il rencontrée, ainsi Chateaubriand l'avait-il surprise. Un soir, tous les deux la prirent, chacun par un bras, & la remirent dans son chemin honnête. Le lendemain, quand elle fut réveillée, l'un lui fit signer le Concordat, l'autre lui mit sur les genoux le *Génie du Chriſtianisme.*

Imaginez un vase de myrrhe renversé sur les marches d'un autel sanglant, & vous aurez l'impression produite par l'apparition de ce livre saint. Des larmes de joie en vinrent aux yeux de toutes les mères. Peu s'en fallut qu'on ne décorât le devant des maisons & qu'on ne jetât des fleurs sur le pavé des rues, comme pour l'entrée à Jérusalem. Quel eſt donc ce jeune homme, se demandait-on, qui ramène pieusement le Dieu de ses pères dans un pan de son manteau ?

La France aime Dieu ; on ne peut lui ôter cela.

Famille & religion, vous êtes invincibles; car vous êtes les deux sources d'honnêteté & d'amour; en vous eft la poésie, grande & petite; vous ne serez pas supprimées par les fous. Rêves frémissants de jeunesse, flammes myftiques mal éteintes, tendresse grave des parents, branches de buis accrochées au foyer domeftique, pleurs silencieux qui tombez journellement sur les tombes, vous êtes plus forts que tous les philosophes!

J'ai relu le *Génie du Chriftianisme;* c'eft encore le livre de notre époque, — le livre d'un lendemain de révolution. Il a des baumes pour toutes les plaies, des consolations pour toutes les souffrances. Il prouve & il émeut, il raisonne & il chante ; c'eft l'enthousiasme du prophète dans la logique de l'hiftorien.

Dans ce panorama chrétien, les scènes touchantes & grandioses se succèdent avec une éblouissante diversité. Fénelon ne décrivait pas autrement; Bossuet n'avait pas de plus magnifiques éclairs. La phrase tombe sur l'idée à plis amples & riches. On admire. Ce qu'il y a de bon aussi quelquefois, c'eft que du milieu de cette majefté, tout à coup s'échappe un cri naïf qui vient vous frapper le cœur. C'eft un géant qui, sur le rocher sublime où il rêve, s'eft baissé pour ramasser une pauvre herbe.

Eſt-ce que Félicien David, lorsqu'il composait la *Danse des Aſtres*, n'avait pas lu le morceau suivant, écrit d'une main formidable, & qui n'a d'équivalent que dans les entassements à la fois lumineux & sombres du peintre Martinn :

« Conçoit-on bien ce que serait une scène de la nature, si elle était abandonnée au seul mouvement de la matière? Les nuages, obéissant aux lois de la pesanteur, tomberaient perpendiculairement sur la terre ou monteraient en pyramides dans les airs. L'inſtant d'après, l'atmosphère serait trop épaisse ou trop raréfiée pour les organes. La lune, trop près ou trop loin de nous, tour à tour serait invisible, tour à tour se montrerait sanglante, couverte de taches énormes ou remplissant seule de son orbe démesuré le dôme céleſte. Saisie comme d'une étrange folie, elle marcherait d'éclipse en éclipse, ou, se roulant d'un flanc sur l'autre, elle découvrirait enfin cette autre face que la terre ne connaît pas. Les étoiles sembleraient frappées du même vertige, ce ne serait plus qu'une suite de conjonctions effrayantes : là, des aſtres passeraient avec la rapidité de l'éclair ; ici, ils pendraient, immobiles ; quelquefois se pressant en groupes, ils formeraient une nouvelle voie lactée; puis, disparaissant tous ensemble & déchirant le rideau des mondes, suivant l'expression de Tertullien, ils laisseraient apercevoir les abîmes de l'éternité ! »

Ce sont de telles pages répandues à profusion, qui font du *Génie du Chriſtianisme* un chef-d'œuvre inconteſté, jeune & vivant sous toutes les littératures. Il n'en fallut pas davantage pour placer son auteur à la tête du mouvement intellectuel, & baser sa réputation d'une manière solide.

Voyez-le ! Une fois lancé dans la gloire comme dans un char de feu, il ira jusqu'au bout. Après avoir lutté avec la Bible dans le *Génie du Chriſtianisme*, il luttera avec Homère dans les *Martyrs*. Ses poëmes, contre-poids des batailles, feront, eux aussi, le tour du monde, passant là où le canon aura passé. Bientôt il n'aura plus qu'un seul rival en renommée : l'Empereur.

L'Empereur ! — Voilà le nom qui fait pâlir & rêver Chateaubriand.

Chateaubriand ! — Voilà le mur d'airain devant lequel s'arrête l'Empereur, étonné.

On a souvent apprécié, & toujours diversement, la lutte de ces deux hommes. « En échangeant l'insulte, a dit un écrivain, ces deux ouvriers sublimes d'une même œuvre se mentaient à eux-mêmes. » Cela eſt vrai. Mais séparés tous deux, ils n'en ont pas moins travaillé à l'œuvre commune. Le conquérant militaire & le conquérant religieux suivaient un sillon parallèle, & plus souvent qu'eux-mêmes leurs idées se sont rencontrées face à face.

Appelez cela orgueil, appelez cela conviction, toutefois est-il qu'au milieu de cette époque éperdue, devant cet empereur qui s'est fait un pavé de fronts courbés, il est beau de voir un front debout, unique. Cela est grand, justement parce que c'est insensé. Cette plume aussi haute que ce glaive ! cette démission éclatante qui arrive à cet homme un lendemain de meurtre ! cette voix qui le poursuit sous sa pourpre neuve ! ce gentilhomme qui brave ce soldat ! On sait presque gré à Chateaubriand de son audace foudroyante; & ceux mêmes qui suivaient le plus aveuglément la fortune impériale, s'oubliaient quelquefois à admirer ce courage solitaire !

Idéologues ! idéologues ! voilà le mot que la rage arrache à l'empereur. C'est le mot désespéré d'un homme qui sent malgré lui que la plume a toujours raison contre le sabre, même lorsque la plume a tort. Idéologues ! Et lui qui n'a jamais pardonné, mais qui devine vaguement que l'écrivain pèsera plus tard de toute sa faiblesse contre la force de l'empereur, le voilà qui cherche à étouffer sa haine & à tendre, sans qu'on le voie, une main furtive à l'auteur du *Génie du Christianisme*. Mais vainement.

Dès lors, toutes les avances du Corse auprès

du Breton resteront inutiles. Colères, ordres, menaces, rien ne fera sur lui. Au retour d'un voyage en Grèce, Chateaubriand cingle Napoléon d'un coup d'article au visage; il le peint dans les *Martyrs* sous les traits de Galérius; il le frappe à travers l'ombre du régicide Chénier, il le menace même dans l'avenir. Puis, lorsque le colosse impérial gît à terre, il arrive avec sa fameuse brochure : *Buonaparte & les Bourbons*, & pose son pied sur la poitrine de celui qui avait voulu le faire *sabrer sur les marches de son trône*.

La plume ne pardonne pas.

Quelques mois plus tard, Chateaubriand suivait Louis XVIII dans la seconde émigration. René était ministre.

IV

Ministre ! c'est maintenant le rêve de tous ceux qui portent une plume au côté, l'épilogue obligé des existences illustres; c'est l'apothéose & le martyre. Chateaubriand est arrivé au gouvernement par la force de son nom, de ses œuvres, de son caractère. Il eſt arrivé tout naturellement, & parce qu'il devait y arriver. Il était né miniſtré, comme il était né académicien.

En politique, La Fayette a engendré Chateaubriand, qui a engendré M. de Lamartine. Sous la même oriflamme azurée s'abritent ces trois hommes. Mais la tâche de Chateaubriand fut moins rude que celle de tout autre. Il venait après une époque de secousse, il entra dans une période de lassitude. La France haletait sur un lit de lauriers mouillés de sang. Il n'eut absolument qu'à organiser le repos, après lequel aspirait le monde. Du haut de la Reſtauration on le voit donc rayonner à son aise, — mais c'eſt sur une nation déjà aveuglée par quinze ans de tonnerre & d'éclairs continus.

Aussi bien peut-être vaut-il mieux que la politique n'ait été qu'un intermède dans sa vie. L'homme de lettres en demeure plus entier de la sorte; ses faiblesses d'action se perdent dans l'éclat unique de sa pensée. Un portefeuille n'eſt plus alors qu'une conséquence toute simple, & qui fait que Chateaubriand miniſtre complète seulement Chateaubriand gentilhomme & soldat.

Sa devise dans les affaires fut celle-ci : *Fais ce que dois, advienne que pourra.* Il eſt advenu sa chute, comme on sait. « J'ai cru voir le salut de la patrie dans l'union des anciennes mœurs & des formes politiques actuelles, du bon sens de nos pères & des lumières du siècle, de la vieille gloire de Duguesclin & de la nouvelle gloire de Moreau ; enfin dans l'alliance de la religion & de la liberté. Si c'eft là une chimère, les cœurs nobles ne me la reprocheront pas. »

Non, sans doute, jamais il ne lui sera fait un crime du bien qu'il a voulu & qu'il n'a pas pu. Ses contradictions apparentes s'effacent dans la loyauté de ses intentions. « Le peuple ne lit pas les lois, a-t-il dit un jour ; il lit les hommes, & c'eft dans ce code vivant qu'il s'inftruit. » Eh bien ! en lisant Chateaubriand, le peuple a lu un bon & beau livre, écrit seulement avec trop de lyrisme, ce qui fait qu'il ne l'a pas compris à toutes les pages.

Le malheur eft aussi que Louis XVIII ne l'ait pas gardé assez longtemps, quoiqu'il eût pu se donner avec lui & par lui des airs de libéralisme mitigé. Mais il était jaloux de M. de Chateaubriand, cet excellent monarque ! jaloux de ses talents, jaloux de sa popularité. Si bien qu'il prit aux cheveux la première occasion venue pour se débarrasser de ce miniftre qui cachait trop le roi.

Sorti pauvre du gouvernement & forcé de vendre ses livres, Chateaubriand se réfugia sous la tente du journal. Il fonda le *Conservateur* en opposition à la *Minerve*. Ses collaborateurs c'étaient MM. de Bonald, Lamennais, de Corbières & de Castelbajac. On y vivait dans la haine de M. Decazes, & tous les actes du ministère y étaient passés chaque matin au crible de l'esprit le plus serré. C'est de cette époque que datent les premières dents de la presse, muselée par Napoléon, démuselée par Chateaubriand. On peut le regarder avec raison comme le père du nouveau journalisme politique. Il est redevenu jeune pour cette guerre à bras raccourci & de tous les jours, jeune comme il ne l'avait jamais peut-être tant été. Sur ce terrain qui brûle, son style même acquiert une netteté nouvelle. Ce n'est plus seulement cette épée de parade richement ciselée à la poignée ; c'est un glaive robuste, beau de sa nudité. Tancrède est ici remplacé par Roland.

« La poésie est belle, dit-il quelque part ; mais il faut éviter d'en mettre dans les affaires. » A défaut de poésie, M. le vicomte se rabat sur l'esprit, & alors il s'en donne à cœur joie. Talleyrand a dû lui envier ce mot : « Ce serait une chose utile de savoir combien il faudrait de sots ministres pour composer un ministère d'esprit ; nous savons à merveille combien il faut de ministres d'esprit pour former un pauvre ministère. »

Toute sa polémique est dans ce goût. C'est une merveille de raillerie, de fougue, de témérité. On chercha vainement à l'étouffer sous deux ambassades, sous des honneurs, sous une pluie d'or. Impossible. Il allait son chemin, discutant les hommes & les choses avec cette passion fière qui est un des signes distinctifs de sa phase politique. S'il lui arrivait de pencher l'oreille & d'écouter ce qui se disait de lui autour de lui, sa réponse avait de ces hauts dédains qui font le respect autour d'eux. Tout se taisait sur le parcours de son regard. « Nous le savons, les vérités que nous disons blessent. On veut dormir au bord de l'abîme. Après tant de révolutions, on regarde comme des ennemis ceux qui avertissent des nouveaux dangers. La voix qui nous réveille est importune; & il est reconnu qu'il n'y a que des hommes passionnés ou trompés dans leur ambition, qui trouvent que tout va mal, lorsqu'il est évident que tout va bien. »

Il ne faut pas s'étonner après cela si l'on fut obligé de lui ouvrir bientôt la porte de l'*hôtellerie des Capucines*, — comme il l'appelait, — & s'il revint une seconde fois éclipser Lous XVIII sur son trône.

Chateaubriand ministre a ses côtés sympathiques comme Chateaubriand écrivain. En politique comme en littérature, on est sûr de le retrouver à la tête de toutes les initiatives généreuses. C'est ainsi que pamphlétaire ou gouvernant, il n'a jamais cessé de réclamer pour la liberté de la presse. A sa voix, Milton se lève & dit : « Tuer un homme, c'est tuer une créature raisonnable ; tuer un livre, c'est tuer la raison, c'est tuer l'immortalité plutôt que la vie. Les révolutions des âges souvent ne retrouvent pas une vérité rejetée, & faute de laquelle les nations entières souffrent éternellement. »

D'autres fois, Chateaubriand parle en son nom : « Qui souffre donc de la liberté de la presse ? La médiocrité & quelques amours-propres irascibles. Mais, dans le dernier cas, quand la susceptibilité se trouve unie au talent, c'est encore un bien pour l'État que cette susceptibilité, mise à l'épreuve, s'aguerrisse par le combat. »

Puis suit la leçon, leçon sévère, tombée de haut : « L'abîme appelle l'abîme : le mal qu'on a fait oblige à faire un nouveau mal, on soutient par amour-propre les ignorances où l'on est tombé par défaut de lumière... »

Et enfin l'arrêt, l'arrêt sans appel : « Tout considéré, nous ne voyons que le crime, la bassesse & la médiocrité qui doivent craindre la liberté de la presse ; le crime la repousse comme un échafaud, la bassesse comme une flétrissure, la médiocrité comme une lumière. Tout ce qui eſt sans talent recherche l'abri de la censure ; les tempéraments faibles aiment l'ombre. »

Ne dirait-on pas ces lignes écrites d'hier, d'aujourd'hui, de ce matin ?

Considéré comme homme d'État, Chateaubriand se dérobe à tout jugement. Sa politique eſt variable comme sa vie. L'honnêteté eſt son principe. Il ne sait que cela. Ne lui demandez donc point ce qu'il eſt, où il va, ce qu'il veut. Je ne crois pas qu'il le sache bien lui-même. Dans sa brochure sur le *Banniſſement de Charles X & de sa famille*, il dit qu'il eſt « monarchiſte par raison, bourboniſte par honneur & *républicain par nature.* »

Une lettre particulière, que M. Auguſtin Thierry a bien voulu me faire communiquer (1), montre également cette sympathie pour une république possible, — république qu'il voyait s'avancer vers lui à grands pas, république qui l'effraie & qui l'attire. Déjà il écrivait, lors de l'assassinat du duc de Berry : « Il s'élève derrière nous une génération impatiente de tous les

---

(1) « Si la France s'était formée en république, je l'aurais suivie, car il y aurait eu raison & conséquence dans le fait; mais échanger une couronne conservée au trésor de Saint-Denis contre une couronne ramassée... cela ne vaut pas la peine d'un parjure. »

jougs, ennemie de tous les rois ; elle rêve la république… Elle s'avance, elle nous presse, elle nous pousse ; bientôt elle va prendre notre place ! » Cinq ans plus tard, son implacable doigt traçait le même avertissement : « Le monde chancelle, on le mène, il va à la république ; nous l'avons dit, nous le répétons ! » A cet endroit, je me suis rappelé Horatio dans *Hamlet*, lorsqu'il s'écrie : *Le fantôme ! le fantôme !…*

L'écroulement du trône des Bourbons fut pour Chateaubriand le signal de la retraite. Dès lors, isolé du mouvement politique, il ne laissa plus échapper de ses lèvres, à des intervalles lointains, que ces sombres prédictions qui tombaient sur notre époque avec le bruit sec & persistant d'une goutte d'eau qui creuse une pierre. — Il ne faut pas s'y tromper, ces prédictions ont réellement un caractère de merveilleux qui fait rêver. C'est de la seconde vue, mais dégagée des ténèbres de la phrase.

Ce phénomène s'est représenté à diverses époques de son existence ; & c'est ainsi qu'on le voit, à travers vingt-neuf ans de distance, prédire avec une effrayante exactitude les choses de 1848 : « Nous ne doutons point que l'Europe ne soit menacée d'une révolution générale. Mais les insensés qui poussent à cette destruction se flattent peut-être en vain d'atteindre à leurs chimères républicaines. Les peuples européens, comme tous les peuples corrompus, passeront sous le joug militaire : un sabre remplacera partout le sceptre légitime. »

Cette même idée revient dans la *Réponse aux journaux sur son refus de servir le nouveau gouvernement :* « Il ne peut résulter, dit-il, des journées de juillet, à une époque plus ou moins reculée, que des républiques permanentes ou des gouvernements militaires passagers que remplacerait le chaos. »

Avertissements étranges! voix éloquente & siniſtre, que l'on n'a pas assez écoutée!

Arrêtons-nous. Ces fragments portent avec eux trop de découragement & une triſtesse trop profonde. La plume se glace enfin à transcrire ce perpétuel *Enfer* de l'âge aƈtuel ; & plutôt que de continuer à le suivre à travers ses innombrables cercles de souffrance & de terreur, nous préférons revenir à ce qu'il disait en 1830 : « Que la France soit libre, glorieuse, florissante, n'importe par qui & comment, je bénirai le ciel! »

V

Lorsqu'il fut de retour de cette campagne à travers la politique, il s'enferma à double tour dans la publication de ses œuvres complètes, & n'en bougea plus. Nous ne prendrons pas corps à corps chacun de ses livres pour en discuter le mérite. Ce travail demanderait, pour être développé suffisamment, une trop vafte échelle. Nous tâcherons de rappeler seulement en quelques mots les principaux titres de Chateaubriand.

L'Itinéraire de Paris à Jérusalem eft un bon livre qui va à tout le monde, parce qu'il eft rempli de poésie & de science, & qu'au bout du compte il apprend une grande quantité de faits intéressants. Ces livres-là, où il y a de tout & où chacun trouve ce qui lui plaît, ne doivent pas être dédaignés, quoiqu'ils soient écrits sans aucune sorte de plan, avec des réminiscences & au hasard de la compilation. *L'Itinéraire* nous semblerait encore meilleur si, trop souvent, — & ceci eft un reproche grave, — Chateaubriand ne se laissait influencer par les souvenirs historiques. Un paysage n'a de prix à ses yeux que lorsqu'il a été célébré dans un poëme; & lorsqu'il parcourt le monde, il le fait trop évidemment comme un gentleman, son *Guide* à la main, Xénophon ou Josèphe, après avoir averti le conducteur de le réveiller à la page marquée d'une corne. Ne lui parlez pas des Cévennes, elles n'ont rien qui l'émerveille, ce sont des montagnes qu'on ne rencontre guère dans la Bible & dans la mythologie, elles sont belles seulement par elles-mêmes; cela ne suffit point. Passez, chaumières inconnues, saules tordus sur des abîmes sans nom, ruisseaux qui n'avez inspiré personne; Chateaubriand ne tient pas à vous voir!

C'est mal. La nature ne tire pas sa beauté rien que des hommes. Il devrait mieux s'en souvenir, l'auteur de *René*. Dans son voyage à Jérusalem, le hasard lui a joué des tours malins & qui auraient dû restreindre son amour pour le pompeux. La vie ordinaire ne perd jamais ses droits, & malgré lui on la voit qui perce & qui jure au milieu de son lyrisme prévu. Déjà chez les Iroquois il avait rencontré un marmiton qui faisait danser le menuet à *ces messieurs sauvages & à ces dames sauvagesses*. Dans une des Cyclades, à une noce de village où il assista, il entendit chanter en grec, par mademoiselle Pengali, fille du vice-consul de Zéa, la fameuse romance : *Ah! vous dirai-je, maman!* Peu de temps après, il tombe à Tunis, au milieu du carnaval, dans une folle compagnie d'officiers qui l'entraînent au bal & qui le forcent à *s'habiller en Turc.* — Chateaubriand en Turc! Qu'a dû en penser M. de Fontanes, juste ciel!

Les *Natchez* ont eu le tort d'arriver après les *Martyrs,* quoiqu'ils fussent composés bien antérieurement. Ils complètent, avec le *Voyage en Amérique,* la série des précieuses études de l'écrivain sur le Nouveau-Monde, & renferment des descriptions, malheureusement mêlées à des discours de Satan & à des dissertations sur l'impôt. C'est du sauvage un peu à la manière de Saint-Lambert, dans le conte des *Deux Amis,* & de Parny, dans ses poésies madécasses (1).

---

(1) Le voyage à la cour de Louis XIV & surtout l'épisode du Natchez à une représentation de la Comédie-Française, seront toujours difficilement approuvés des critiques. — Le Natchez entre au théâtre, un soir que l'on joue *Phèdre.* Il s'assied, & voici comment il traduit ses impressions au lever du rideau :

« Une *cabane,* soutenue par des colonnes, se découvre à mes regards. La musique se tait; un profond silence règne dans l'assemblée. Deux guerriers (Hippolyte & Théramène), l'un jeune, l'autre déjà atteint par la vieillesse, s'avancent sous le portique. Je ne suis qu'un sauvage; mais malgré ma rudesse native, je ne saurais dire quel fut mon étonnement lorsque les deux héros vinrent à ouvrir leurs lèvres au milieu de la cahutte muette. Je crus entendre la musique du ciel;

D'autres tableaux cependant, celui de la moisson de la folle avoine & celui de la mort de René, révèlent la touche du maître.

Un peu moins de sécheresse dans les lignes eût peut-être assuré un succès durable au *Dernier des Abencerrages,* qui pèche juftement par des défauts inusités à son auteur, c'eft-à-dire par la sobriété & par l'absence de description. De la part de Chateaubriand, on s'attendait à mieux que *Gonzalve de Cordoue,* — & il faut croire sans doute qu'il pleuvait à Grenade le jour qu'il y eft passé.

Publiés à de plus rares diftances, les *Études hiftoriques,* célèbres par leur préface, l'*Essai sur la littérature anglaise,* & l'hiftoire de *Rancé,* achèvent l'ensemble de ses travaux.

Composé aux heures sereines de sa vieillesse, l'*Essai sur la littérature anglaise* contient des fragments intimes & des retours de la plus délicieuse rêverie. Il semble que ce ne soit plus le même homme qui parle. Les côtés inconnus de son talent se dévoilent; &, abandonné comme à la dérive de son inspiration, il raconte les

---

c'était quelque chose qui ressemblait à des airs divins. Vaincu par mes souvenirs, par la vérité des peintures, par la poésie des accents, les larmes *descendirent en torrent* de mes yeux. Mon désordre devint si grand *qu'il troubla la cabane entière...* »

choses les plus familières de sa tête & de son cœur, avec un sourire attendri. Nous nous en voudrions de ne pas reproduire ce passage sur les correspondances d'amour, vrai, ému, pris sur nature, & qui eft autant en dehors de son ftyle habituel que les *Martyrs,* par exemple, le sont du ftyle de madame de Sévigné :

« D'abord les lettres sont longues, vives, multipliées, le jour n'y suffit pas, on écrit au coucher du soleil; on trace quelques mots au clair de la lune, chargeant la lumière chafte, silencieuse, discrète, de couvrir de sa pudeur mille désirs. On s'eft quitté à l'aube; à l'aube on épie la première clarté pour écrire ce que l'on croit avoir oublié de dire dans des heures de délices. Mille serments couvrent le papier où se reflètent les roses de l'aurore ; mille baisers sont déposés sur les mots brûlants qui semblent naître du premier regard du soleil. Pas une idée, une image, une rêverie, un accident, une inquiétude qui n'ait sa lettre.

« Voici qu'un matin quelque chose de presque insensible se glisse sur la beauté de cette passion, comme une première ride sur le front d'une femme adorée. Le souffle & le parfum de l'amour expirent dans ces pages de la jeunesse, comme une brise s'alanguit le soir sur des fleurs : on s'en aperçoit, & l'on ne veut pas se l'avouer.

Les lettres s'abrégent, diminuent en nombre, se remplissent de nouvelles, de descriptions, de choses étrangères; quelques-unes ont retardé, mais on eſt moins inquiet; sûr d'aimer & d'être aimé, on eſt devenu raisonnable, on ne gronde plus, on se soumet à l'absence. Les serments vont toujours leur train; ce sont toujours les mêmes mots, mais ils sont morts : l'âme y manque. *Je vous aime* n'eſt plus là qu'une expression d'habitude, un protocole obligé, le *J'ai l'honneur d'être* de toute lettre d'amour. Peu à peu le ſtyle se glace ou s'arrête. Le jour de poſte n'eſt plus impatiemment attendu, il eſt redouté; écrire devient une fatigue. On rougit en pensée des folies que l'on a confiées au papier, on voudrait pouvoir retirer ses lettres & les jeter au feu. Qu'eſt-il survenu? Eſt-ce un nouvel attachement qui commence, ou un vieil attachement qui finit? N'importe; c'eſt l'amour qui meurt avant l'objet aimé. »

VI

Rien de calme & de beau comme le poëme de ses dernières années. Un fauteuil au coin de la cheminée de madame Récamier, la solitude de son jardin, quelques voyages à Holyrood & à Venise, c'eſt tout. Et puis aussi cet autre grand voyage en lui-même, à travers son passé & dans ses œuvres, ce voyage appelé les *Mémoires d'Outre-Tombe*.

C'eſt à ce dernier ouvrage, couronnement de son édifice, qu'il a consacré le reſte de ses jours. Rien n'a pu désormais le faire rentrer dans les affaires publiques, ni les prières de ses amis, ni cette chanson de Béranger, que toute la France a sue par cœur (1). Sans doute qu'il sentait

---

(1) Chateaubriand, pourquoi fuir ta patrie,
   Fuir son amour, notre encens et *nos soins*?
   N'entends-tu pas la France qui s'écrie :
   Mon beau ciel pleure une étoile de moins!

   Va, sers le peuple, en butte à leurs bravades,
   Ce peuple humain, des grands hommes épris,

alors venir vers lui les temps d'orage que nous traversons, & que, n'ayant plus d'espoir que dans le Chriſt, il désespérait de toutes forces humaines, — même des siennes.

Aussi quelquefois, du fond de sa vieillesse, il lui prend de singulières amertumes, des accès de goutte littéraire pour ainsi dire ; il gémit, il se désole, parce que *la démocratie eſt entrée enfin dans la littérature, ainsi que dans le reſte de la société*. Or, lui ne veut pas de la démocratie. « On ne reconnaît plus de maîtres & d'autorités, on n'accepte plus d'opinions faites, le libre examen eſt reçu *au Parnasse*. » Or, lui ne veut pas du libre examen. Il se plaint de l'envie qui s'attache aux grands noms, des gloires que l'on déprécie, des réputations qu'on dénigre, — injuſte en cela pour toute une époque qui l'a entouré d'un respect vraiment unique. Il raille l'école de 1830, il se moque trop cruellement peut-être des jeunes gens *qui se tuent pour attirer l'attention publique*. Mais ce ne sont là, par bonheur, que des ombres momentanées

> Qui t'emportait vainqueur aux barricades,
> Comme un trophée, entre ses bras meurtris.
>
> Ne sers que lui. Pour lui ma voix te somme
> D'un prompt retour après un triſte adieu ;
> Sa cause eſt sainte ; il souffre, et tout grand homme
> Auprès du peuple eſt envoyé de Dieu.

sur son talent & sur son noble caractère.

La vieillesse, pas plus que la maladie, n'a pu mordre sur ce génie robuste. Il a travaillé jusqu'à son dernier jour, il a dicté jusqu'à sa dernière heure. Dans une préface, il parle de l'opiniâtreté particulière à sa nature. « Lors de ma jeunesse, dit-il, j'ai souvent écrit douze & quinze heures sans quitter la table où j'étais assis. L'âge ne m'a point fait perdre cette obstination au travail. Ma correspondance diplomatique au ministère est presque toute de ma main. »

A qui le regarde bien en face, Chateaubriand apparaît dans le dix-neuvième siècle comme le contre-poids de Voltaire dans le dix-huitième. Même universalité dans le travail, même courage dans la lutte. Chacun des ouvrages de Chateaubriand attaque, serre de près & soufflète un ouvrage correspondant de Voltaire. Depuis cinquante ans, en effet, pas un pouce de terrain que l'auteur du *Génie du Chriſtianisme* n'ait disputé à l'auteur du *Dictionnaire philosophique*, pas un sentier dans lequel il ne se soit engagé avec lui. C'est un duel de toutes les heures à travers l'histoire, le roman & la philosophie.

Il est un des quatre grands hommes qui ouvrent l'époque moderne. Plus enthousiaste que Walter Scott, moins exclusif que Byron, il est presque de la taille de Gœthe. Il a remis en honneur la littérature à images; & c'eft de lui que datent ces romans artiftes où le ftyle cherche à rivaliser avec la peinture & la sculpture, voire même avec la musique, curieuses productions, signées Balzac-Rubens, Gautier-Canova ou Liszt-Janin.

Mais notre travail serait incomplet si, après avoir détaché d'un fond d'or la tête pensive du grand vieillard, après l'avoir assis sur un nuage d'encens, l'avoir salué éternel & sublime, nous ne dévoilions également ses côtés humains, ses erreurs & ses défaillances. Peser sur le coup de ciseau hasardeux donné à l'Apollon du Vatican, c'eft encore une manière de louer l'harmonie inaltérable du refte du corps. Tout génie doit sa dîme à la critique, si rayonnant que soit l'un, si modefte que soit l'autre; — & l'ombre illuftre que j'évoque aujourd'hui serait elle-même la première à s'indigner d'un éloge qui ne saurait marcher que sur les genoux.

D'ailleurs la critique ne sera pas pour lui chose nouvelle. Il eft un de ceux qui ont le plus entendu grincer de plumes autour de leur renommée. Ses ennemis littéraires lui font cortége; & avec cette naïveté de grandeur qui le caractérise, lui-même a voulu leur donner accès dans l'édition de ses œuvres complètes.

A leur tête, le plus fougueux & le premier, je

diftingue le grand républicain de l'Empire, Marie
Chénier. Vers & prose, analyse & satire, tout
lui a été bon pour accabler Chateaubriand ; il
n'eft pas une page de ses œuvres où il ne le frappe
malicieusement, le plus souvent sans raison,
comme dans son *Tableau de la Littérature,*
quelquefois avec esprit, comme dans les *Nouveaux Saints :*

> J'irai, je reverrai tes paisibles rivages,
> Riant Meschacebé, Permesse des sauvages ;
> J'entendrai les sermons prolixement diserts
> Du bon monsieur Aubry, Massillon des déserts.
> O sensible Atala ! tous deux avec ivresse
> Courons goûter encor les plaisirs... de la messe !

On sait que Chateaubriand ne lui a pas pardonné ses plaisanteries. Aussi Marie Chénier eft-il le seul académicien de ces temps modernes à qui son successeur ait refusé l'aumône d'un regret. — Peut-être eft-ce pousser la rancune un peu loin.

Soit dédain, soit tout autre sentiment, Byron n'a jamais soufflé mot de l'auteur de *René.* De la part du noble lord, c'eft au moins étrange. Chateaubriand n'en a pu complétement dissimuler son dépit. « Lord Byron, dit-il, peut-il m'avoir complétement ignoré, lui qui cite presque tous les auteurs français ? n'a-t-il jamais entendu parler de moi ? »

Paul-Louis Courier, — ce Meissonier de la politique, — ne l'aimait pas non plus, & il lui a plusieurs fois enfoncé dans les chairs de méchants petits coups de poignard à tête d'épingle. Il a appelé ses romans du *galimatias*, & il s'eſt moqué de son miniſtère. De l'auteur du *Pamphlet des pamphlets* à l'auteur des *Martyrs,* cela se conçoit; c'eſt une guerre de colibri à lion.

Mais M. Guſtave Planche a été plus brutal que cela. Voici comment il parle de Chateaubriand dans son livre des *Portraits :* « Critique de second ordre dans le *Génie du Chriſtianisme,* voyageur inexaƈt & verbeux dans l'*Itinéraire,* imitateur patient, mais *inutile,* de Virgile & d'Homère dans les *Martyrs* & les *Natchez.* » M. Planche ne reconnaît que *René* & l'épisode de Velléda. — Juger de la sorte, n'eſt-ce pas faire le procès aux gens avec une massue?

Telles sont, je crois, les critiques principales qui sont venues l'atteindre dans sa gloire (1). Si maintenant nous cherchons une réponse à leur

(1) Depuis la composition de ce travail, & depuis la publication des *Mémoires d'Outre-Tombe,* bien des critiques nouvelles sont venues s'ajouter à ces critiques. On s'eſt déchaîné avec un acharnement inconcevable contre ces immortels *Mémoires,* le livre le plus jeune, le plus magnifique, le plus profond qui ait éclaté sur ces dernières années. On n'a pas voulu excuser beaucoup de vanité en faveur de beaucoup de génie.

faire, c'eſt dans Chateaubriand même que nous allons la trouver, — & la voici : « On renie souvent les maîtres suprêmes, on se révolte contre eux, on compte leurs défauts, on les accuse d'ennui, de longueur, de bizarrerie, de mauvais goût, en les volant & en se parant de leurs dépouilles ; mais on se débat en vain sous leur joug : tout se teint de leurs couleurs, partout s'impriment leurs traces ; ils inventent des mots & des noms qui vont grossir le vocabulaire général des peuples ; leurs dires & leurs expressions deviennent proverbes, leurs personnages fictifs se changent en personnages réels, lesquels ont hoir & lignée. Ils ouvrent des horizons d'où jaillissent des faisceaux de lumière ; ils sèment des idées, germes de mille autres ; ils fournissent des imaginations, des sujets, des ſtyles à tous les arts. Leurs œuvres sont des mines inépuisables ou les entrailles mêmes de l'esprit humain. »

Cela posé, — qu'on nous permette maintenant de subſtituer notre opinion à celle de nos devanciers.

Selon nous, c'eſt surtout comme figure que Chateaubriand resplendit sur son siècle. La grandeur de sa vie apparaît avant celle de son talent, son nom vient avant ses livres. Il eſt lui-même un homme-épopée. On l'aperçoit de très-loin, & le respect lui arrive avant l'admiration.

Aussi, longtemps encore peut-être sera-ce *M. de Chateaubriand,* avant d'être Chateaubriand tout court. Longtemps encore peut-être ce sera la majefté, avant d'être la force.

La majefté! — voilà son grand & superbe crime. Génie épique & théâtral, il lasse l'admiration. Pour lui, la rue du Bac n'a pas de ruisseau. C'eft un Murat, ce pouvait être un Napoléon.

Il n'a guère innové qu'à demi. Sa littérature eft la littérature du dix-huitième siècle retrempée chez les sauvages. Les *Incas* avaient déjà frayé le chemin, & l'on se souvient trop peut-être que Chaétas a vu Versailles & qu'il a assifté aux tragédies de Racine.

Ce n'eft pas avec peu de chose que Chateaubriand compose son paysage; Poussin lui a donné des leçons. Il lui faut des colonnes à demi brisées, un clair de lune, des urnes cinéraires; &, par-dessus tout cela, le *génie des souvenirs, assis pensif à ses côtés.*

Cette recherche du grandiose le conduit quelquefois à des excès contre lesquels on ne saurait trop se tenir en garde. Je n'en veux pour seul & funefte exemple que ce coucher de soleil : « L'aftre enflammant les vapeurs de la cité semblait osciller lentement dans un fluide d'or, comme le pendule de l'horloge des siècles! » Évidemment les poëtes extravagants du seizième siècle n'auraient pas mieux dit.

« Peu m'importe l'action, écrit-il dans la préface des *Martyrs;* elle n'eft qu'un prétexte à description. » — Hélas! pourquoi le ciel mit-il La Harpe sur sa route, ainsi que M. de Fontanes, *le Simonide français?*

Il n'eft pas de l'avis de Voltaire, qui disait que les bons ouvrages sont ceux qui font le plus pleurer. « Les vraies larmes, dit Chateaubriand, sont celles que fait couler une belle poésie; il faut qu'il s'y mêle autant d'admiration que de douleur. » Ce malheureux syftème apparaît jusque dans *René,* au moment où le frère d'Amélie, qui vient de recevoir comme un coup de foudre l'aveu d'un amour criminel, trouve encore assez de force pour arrondir immédiatement la période suivante : « Chafte épouse du Chrift, reçois mes derniers embrassements *à travers les glaces du trépas* & les profondeurs de l'éternité qui te séparent déjà de ton frère! »

La majefté! Chateaubriand lui a tout sacrifié; aussi son génie, spécial & conftant dans sa pompe, n'eft-il pas de ceux qui vont à tous, comme Shakespeare par exemple, l'homme des palais & des tavernes, des rois & des ivrognes, grand avec les grands, familier avec les petits, puissant avec chacun ; — Shakespeare, dieu qui parle le langage des hommes ; Chateaubriand, homme qui parle le langage des dieux.

Chateaubriand appelait *Hamlet* — cette *tragédie des aliénés*.

Comment Shakespeare eût-il appelé *Moïse*, cette tragédie de Chateaubriand ?

Car il faut bien le dire, comme poëte, Chateaubriand eft nul ou à peu près. Sauf une cinquantaine de vers, je ne crois pas qu'il lui soit jamais tenu compte de son pindarique bagage. Pourrait-il en être autrement, lorsqu'on le voit s'appuyer sur une théorie aussi fausse que celle qu'il développe dans les lignes suivantes : « La poésie a ses bornes dans les limites de l'idiome où elle eft écrite & chantée : on peut faire des vers autrement que Racine, jamais mieux. » Voici pourtant quelques ftrophes peu connues de *Moïse*, ses meilleures inconteftablement, bien qu'il les ait supprimées plus tard par un sentiment de décence :

> Que dit à son amant, de plaisir transporté,
>   Cette prêtresse d'Aftarté
> Qui voudrait attirer le jeune homme auprès d'elle,
> Et lui percer le cœur d'une flèche mortelle ?
>
> — Beau jeune homme, dit-elle, arrête donc les yeux
> Sur la tendre Abigail, que ta froideur opprime.
>   Je viens d'immoler la victime,
>   Et d'implorer la faveur de nos dieux.

Viens, que je sois ta bien-aimée.
J'ai suspendu ma couche en souvenir de toi ;
　　D'aloès je l'ai parfumée :
Sur un riche tapis je recevrai mon roi.
Dans l'albâtre éclatant la lampe eft allumée ;
Un bain voluptueux eft préparé pour moi.

L'époux qu'on m'a choisi, mais qui n'a pas mon âme,
Eft parti ce matin pour ses plans d'oliviers ;
　　Il veut écouler ses viviers ;
　　Sa vigne ensuite le réclame.
Il a pris dans sa main son bâton de palmier,
Et mis deux sicles d'or dans sa large ceinture ;
Il ne reviendra point que de son orbe entier
　　L'aftre des nuits n'ait rempli la mesure.

« Quand l'âme eft élevée, dit le fier vicomte, les paroles tombent d'en haut, & l'expression noble suit toujours la noble pensée. » Certes, ce n'eft pas nous qui protefterons contre cette admirable poétique en trois lignes; mais là où la pensée n'a que faire, alors que le récit ou la description suit doucement sa pente naturelle, à quoi bon la solennité de la phrase, l'éternelle ariftocratie du mot? Quoi! toujours le *marinier* pour le marin, *l'astre des jours* pour le soleil? L'auteur des *Natchez*, que son grand respect pour la rhétorique oblige à reconnaître les trois ftyles, oublie donc que le premier d'entre eux eft précisément le ftyle simple, & que c'eft là surtout le ftyle fort, parce que c'eft le ftyle vrai?

Mon Dieu! de ce qu'il n'a pas fait de littérature avec les notaires, les femmes publiques ou les escrocs, nous ne lui en voulons pas. Nous lui en voulons uniquement de ce que, chantant le marbre & la Grèce, il ne l'ait pas fait en ſtyle d'autant plus simple que le sujet était plus riche. Poétisez la réalité, c'eſt bon; mais alors réalisez la poésie. Il en eſt du génie comme d'Antée, qui reprenait des forces en touchant la terre.

Aussi rien de plus adorable que les haltes rares de Chateaubriand dans le simple & dans le naïf. Combien de pages ne donnerais-je pas pour ce bout de chanson composé entre deux chapitres des *Martyrs*, petite fantaisie gracieuse, perle ramassée au pied d'un dolmen :

> Combien j'ai douce souvenance
> Du joli lieu de ma naissance!
> Ma sœur, qu'ils étaient beaux les jours
>   De France!
>
> Te souvient-il que notre mère,
> Au foyer de notre chaumière,
> Nous pressait sur son cœur joyeux,
>   Ma chère?

Pour moi, Chateaubriand exiſte surtout dans ses préfaces, c'eſt-à-dire presque en dehors de ses livres, dans ses lettres intimes, &, comme nous l'avons dit déjà, dans son ſtyle politique (1),

---

(1) Sur ce terrain il a de très-beaux mots. Ainsi, dans ses

partout enfin où il n'a pas le temps de boucler sa phrase, où il oublie Ariſtote & Boileau, où il improvise, où il se surprend à être lui malgré lui.

Pour l'avenir, il exiſtera surtout dans ses *Mémoires*.

Au couchant de sa vie, une grave transformation s'eſt opérée dans son talent. Je dis grave & curieuse. C'eſt à soixante ans que lui eſt venue la jeunesse. C'eſt au bord de la tombe que cet auſtère penseur qui, à coup sûr, n'a jamais souri, s'eſt pris soudainement à rire aux éclats, du grand rire de Callot, de Montaigne, de Le Sage, & quelquefois aussi de Voltaire. Sa muse, au sortir de quelque fontaine de Jouvence inconnue, tout à l'heure déesse, nous eſt réapparue jeune fille couronnée de bleuets. C'était Junon ; ce n'eſt plus que Lydie ou Camille, une nymphe quelconque, la première venue.

Entre son œuvre passée & son œuvre actuelle, entre les *Martyrs* & les *Mémoires*, je vois une grande différence.

L'œuvre passée de Chateaubriand, ensemble harmonieux, m'apparaît comme un palais de

---

attaques contre les terroriſtes, il les nomme des *architectes en ossements*. Et un peu plus loin : « Manufacturiers de cadavres, vous aurez beau broyer la mort, vous n'en ferez jamais sortir un germe de liberté ! »

marbre au milieu d'une forêt. Tout y eſt enchantement & magnificence. Des voix myſtérieuses résonnent au dedans, des parfums enivrants s'exhalent au dehors. Chaque fenêtre ouvre sur un horizon de feuillage brûlant, sur un parc profond & rempli de ſtatues, sur un coteau qui ploie sous les pampres. C'eſt un très-beau palais. Seulement un cercle de grilles l'emprisonne, des sentinelles en défendent l'approche à plus d'une demi-lieue à la ronde, &, pour y pénétrer, il ne faut pas moins de sept ou huit quartiers de noblesse.

L'œuvre poſthume de Chateaubriand, — c'eſt-à-dire les *Mémoires*, — offrent bien encore, si l'on veut, l'aspeċt d'un palais ; mais déjà ce n'eſt plus du marbre, c'eſt bel & bonnement de la pierre. La splendeur froide de l'architeċture grecque a fait place à l'épanouissement original de l'art gothique. Un pan de la forêt a été abattu, & de ce côté le regard plonge dans le dédale fourmillant des rues de la ville. Les grilles rebelles se sont ouvertes, les gardes ont reçu une autre consigne ; & bourgeois, paysans, peuple, femmes, ceux qui sont des gentilshommes & ceux qui ne sont que des hommes, les savants & les écoliers, tout le monde enfin entre librement. Lazare lui-même eſt assis sur la plus haute marche du portail.

VII

Chateaubriand nous a dévoilé l'avenir de la politique; — essayons de jeter un coup d'œil sur l'avenir des lettres. Pour tout homme qui se met sur la trace du mouvement intellectuel depuis quelques années, il eft évident que nous touchons à une crise littéraire & à une transformation importante des opinions reçues.

Voilà que notre littérature, en moins de soixante ans, a déjà passé par les cribles successifs de trois révolutions. La première, la grande de 1789, a donné des résultats d'une puissance inconteftable & souvent effrayante. D'abord elle a fait descendre quatre à quatre aux écrivains les degrés de l'Encyclopédie, & elle les a logés dans la rue, où bientôt, ahuris & chétifs, ils sont morts sans poftérité. Alors ceux qui se sont levés derrière ont été de bien autres hommes. Littérateurs fauves, on ne sait d'où venus, sans tradition, jouant de la guitare sous la potence ou décrivant avec amour des scènes d'égorgement dans des châteaux, ils ont fait école neuve.

Si bien qu'il y a eu pour eux lecture & succès, même aux jours les plus affreux. Ceux-là ont parlé au peuple ; seulement, ils lui ont mal parlé ; mais la tendance était bonne. Ils ont compris que jusqu'à présent on n'avait pas pris garde à la plus grande portion du public. De voir des livres qui ont la prétention de s'adresser à tous, écrits comme le *Bonheur* de M. Helvétius, cela leur a fait lever les épaules, & ils se sont mis à procéder d'autre façon. Malheureusement, ils ont dépassé le but : au lieu d'être simple, leur ftyle a été bas. Ils sont entrés chez le peuple, non par la porte, mais par l'égout.

Cette littérature grossière de la première révolution a servi du moins à répandre certaines idées vives, qui étaient encore dans l'œuf. De considérables agrandissements ont été faits sur les fiefs de l'imagination : on a percé des chemins & ouvert de nouvelles séries aux hommes de lettres, par l'adjonction d'éléments nouveaux. La plume dès lors n'a plus bronché devant les sauvageries de la vie réelle. Peu à peu Mercier a fini par voir comprendre son drame de la *Brouette du Vinaigrier*. Tout ce fumier, largement étendu sur le champ littéraire, devait produire tôt ou tard un épanouissement de hautes plantes.

Cet épanouissement eſt advenu aux environs de la deuxième révolution, — celle de juillet 1830 — qui reſtera comme une date brillante dans l'hiſtoire de l'art en général. Le sol s'eſt mis à pousser des fleurs très-curieuses, d'extraordinaires enlacements de lianes & quelques arbres phénomènes pour lesquels on eut besoin d'inventer une serre romantique. Les poëtes étaient tous des jeunes gens, décidés & convaincus, la plupart exclusivement passionnés, qui marchaient serrés dans leurs folies, avec l'insolence de la verve & le courage né des circonſtances politiques. Ils ont étonné avant de plaire. Mais enfin comment ne pas se rendre à cette littérature qui sonne si fort de la trompette & qui affiche son talent sur tous les murs en lettres dorées? Il y avait d'ailleurs du bon dans cette mascarade, sortie copieuse & flambante des sépulcres soulevés de Rabelais, Shakespeare, Mathurin Régnier, Goya & Sterne ; cela replaçait la littérature dans un milieu seigneurial & bruyant, à l'écart de la philosophie sur les autels de qui s'étaient succédé précédemment de trop nombreux sacrifices.

La révolution de 1830 a surtout grandi le roman. Il y a eu progrès sur l'école de la République, progrès & complément. La forme s'eſt purifiée, tout en gardant sa franchise, & a conquis à elle les classes bourgeoises. Des gens sont arrivés, tels que Balzac, Soulié & George Sand, qui ont fait crier la vie dans leurs livres ; d'où eft venue cette importance sociale accordée au roman. De grands succès ont été obtenus par des œuvres douces, en apparence vulgaires, comme *César Birotteau*, l'hiftoire d'un parfumeur ; comme *André*, où un père eft sur le point de donner des coups de pied dans le ventre à une fleurifte ; comme encore le *Lion amoureux*, baliverne pleine de larmes. Quelques-uns de ces succès ont été lents & souterrains, mais l'effet n'en demeure pas moins très-grand.

D'autres succès, plus retentissants mais plus passagers, ont pu être obtenus à côté. Cela ne prouve rien. Seulement c'eft affaire de curiosité ou d'actualité pour ces énormes machines en tant de volumes, montées sur l'affût de quelque queftion à l'ordre du jour. Là-dedans, rien n'a jamais inquiété la littérature vraie.

La troisième révolution eft celle par où nous passons aujourd'hui. Elle n'a pas encore donné sa formule littéraire. Attendons (1). Les résultats qu'elle prépare seront importants & mieux dé-

---

(1) Encore une fois, qu'on me permette de rappeler la date déjà ancienne de cette publication.

cisifs. Certainement il eft impossible d'exclure les genres en littérature & de ne pas admettre les tempéraments; insensé eft l'absolutisme en pareille matière. Tel romancier a raison de se vouer à des récits d'Espagne & de Cordoue, si sa nature l'y porte avec irrésiftibilité; tel autre fait bien de ne voir qu'éléphants & tigres sur la surface du globe, s'il sait mal décrire une brebis ou une vache. Mais ce qui fait par malheur la fragilité de leurs conceptions, c'eft le manque total de *sérieux ;* on connaît maintenant leurs procédés, & tout le monde lit dans leurs cartes. — Le sérieux ! Hoffmann ne l'a jamais perdu dans ses belles extravagances.

Nous ne savons pas au jufte ce que sera la nouvelle génération littéraire; mais par les leçons que lui font les événements & par les exemples de grandeur & de décadence qu'elle a sous les yeux, il eft permis d'espérer qu'elle se présentera avec des qualités saines & un sens droit.

En littérature, — la première révolution a donné la force. La seconde révolution, l'éclat. La troisième révolution donnera peut-être la vérité.

MADAME RÉCAMIER

MADAME RÉCAMIER

Après lui, elle.

Rue de Sèvres, à l'ancien couvent de l'Abbaye-au-Bois, il y a deuil & grand désert. Les arbres ont beau pousser des feuilles, les feuilles ont beau pousser des oiseaux, rien ne répond plus à cette gaieté du printemps. Un souffle funeste a passé sur le monaftère. Demeurez closes, fenêtres ombragées; rideaux bleuâtres, ne vous écartez plus sous une belle main; porte, refte fermée impitoyablement! Il faut désapprendre le chemin de cette maison. Déjà la rampe de l'escalier se couvre de poussière, & tout se taira bientôt dans cette solitude célèbre autrefois, ignorée demain. Madame Récamier eft morte.

Elle eft morte, on s'en souvient, pendant

le choléra de 1849. C'était alors une débâcle générale. Chacun émigrait vers le cimetière du Père-Lachaise, ce Coblentz de tous les partis. Chaque jour les églises se tendaient de noir & pleuraient des larmes d'argent. Sur les boulevards, sur les quais, on ne rencontrait plus que des croque-morts, des tambours aux baguettes entortillées d'un crêpe, des compagnies de gardes nationaux qui portaient mélancoliquement le canon de leur fusil incliné vers la terre. Ah! le vilain spectacle! Tout le monde nous abandonnait au moment de notre révolution. Lespersonnes les plus illustres par leurs talents ou par leurs grâces s'empressaient de nous dire brusquement adieu, lorsque nous avions le plus besoin de grâce & de talents; & parce que nous nous étions un inftant absentés des salons, les salons se barricadaient sans pitié derrière nous.

C'était un autre champ d'asile, cette Abbaye-au-Bois, un nid de poëtes & de belles femmes, où dans ces derniers temps, après avoir vécu de la vie ambitieuse, bruyante, romanesque, les uns & les autres finissaient tous par revenir s'abriter, *traînant l'aile,* comme dans la fable des *Deux Pigeons.* C'eft au fond d'un des plus modeftes appartements de l'Abbaye-au-Bois que la duchesse d'Abrantès, ruinée par la chute de l'Empire, commença à écrire ses fougueux & spirituels *Mémoires*, — noble femme, tuée par le travail & la misère.

Ce n'eſt pas la misère qui a tué madame Récamier ; c'eſt l'âge, c'eſt le souvenir, c'eſt le spectacle des événements, peut-être. Toutefois eſt-il que madame Récamier restera comme une des figures les plus touchantes, comme un des esprits les plus singulièrement attraćtifs de notre époque. Elle a rallié à elle les sympathies de tout un siècle. Elle a été le centre de tout ce qui était beau, bon, généreux, facile. Principalement trois hommes, Chateaubriand, Benjamin Conſtant & Ballanche, se sont groupés autour de cette femme adorée. Plus heureuse que la Béatrix de Florence, la Béatrix de Paris a pu voir trois Dante à ses genoux.

Sa vie eſt un beau livre. Commencée dans une révolution, dans une révolution elle s'eſt achevée, sans y avoir perdu un seul rayon de son auréole. Indulgent cette fois pour une de ses plus ravissantes créatures, le ciel ne lui a pas refusé l'élément pour lequel il l'avait créée : elle a vu s'écouler dans une fête éternelle son éternelle jeunesse ; l'hommage lui faisait escorte, & le malheur ne s'eſt approché d'elle qu'à respectueuse diſtance.

Elles étaient trois sous le Direćtoire, trois

femmes admirablement belles, les *trois Grâces*, selon les madrigaux du temps, — madame Tallien, Joséphine de Beauharnais & madame Récamier. — A elles trois, ces femmes ont affolé Paris & vu tomber les personnages les plus illuftres à leurs pieds, ces beaux pieds qu'elles portaient nus & seulement chaussés de cothurnes, avec des émeraudes aux doigts. On les rencontrait en tous lieux, aux concerts où chantait Garat, aux bals où dansait Trénitz, — ce pauvre Trénitz, mort fou à Charenton ! — Elles étaient l'âme du plaisir, & on les avait vues apparaître le lendemain de Thermidor, comme trois fleurs poussées tout à coup au bord d'un volcan éteint. Toutes les trois avaient leur mission politique ; elles régnaient & elles gouvernaient, *de par la grâce* d'elles-mêmes. Voici comment celle qui devait bientôt régner autrement & sous le nom d'impératrice, écrivait à madame Tallien, en lui donnant rendez-vous à une fête éblouissante de l'hôtel Thélusson : — « Venez avec votre dessous de robe fleur-de-pêcher, il faut que nos toilettes soient les mêmes : j'aurai un mouchoir rouge noué à la créole, avec trois crochets aux tempes. Ce qui eft naturel pour vous eft bien hardi pour moi, vous plus jeune, peut-être pas plus jolie, mais incomparablement plus fraîche. Il s'agit d'éclipser & de désespérer des rivales, *c'eſt un coup de parti.* » Seule des trois, madame Récamier a conservé jusque dans ses derniers jours le mouchoir noué à la créole.

C'étaient alors des luttes d'élégance & de frivolité, dont notre époque semble avoir perdu la tradition. Tant pis pour notre époque. Après la révolution des mœurs, venait la révolution des coſtumes. Thérésia Cabarrus avait ramené les modes grecques, la coiffure à l'athénienne, la tunique transparente & collante. Joséphine, la première, rechercha les camées les plus purs, les onyx & les agates les plus superbes, pour les faire étinceler à son épaule ou ruisseler dans ses cheveux. A son tour, madame Récamier introduisit le voile. Le voile! chaſte invention, nuage tissé, eſtompe idéale, qui irrite juſtement assez pour fixer le désir, raillerie pudique, réalité enveloppée de rêve, qui tend à faire de la femme une création mieux qu'humaine & presque myſtérieuse. Toute l'hiſtoire de madame Récamier n'eſt-elle pas dans ce voile? Le voile ne nous dit-il pas sa vie reposée, sa beauté blanche?

En 1800, madame Récamier, qui avait alors dix-huit ans, habitait le grand château de Clichy-la-Garenne, qui fut détruit par la bande noire. « A cette époque, dit l'auteur des *Salons de Paris*, il eſt impossible, à moins de l'avoir vue, de se faire une idée de sa fraîcheur d'Hébé. C'était une création à part que madame Récamier, à cet âge de dix-huit ans, & jamais je n'ai retrouvé, ni en Italie, ni en Espagne, ce pays si riche en beautés, ni en Allemagne, ni en Suisse, la terre classique des joues aux feuilles de rose, jamais je n'ai retrouvé le portrait de madame Récamier, la plus jolie femme de l'Europe ! » Rien ne manquait d'ailleurs à son éducation ; elle touchait admirablement du piano & dansait à merveille en s'accompagnant du tambour de basque, — ce qui était la grande fureur du jour.

C'eſt dans ce château de Clichy, & quelque temps après dans ses magnifiques salons de la rue du Mont-Blanc, que madame Récamier a reçu presque toute l'Europe princière. Son mari était riche alors, richissime ; il pouvait réaliser des miracles, & tenir tête aux Sardanapales en carrick de ce temps-là. L'architecte Berthaut avait transformé cet hôtel en féerie ; c'était un conte de Galland solidifié. Demandez à madame Lehon, qui en eſt devenue plus tard propriétaire.

Les bals de madame Récamier ne tardèrent pas à conquérir une vogue immense. De là s'élancèrent les gavottes nouvelles, les morceaux de clavecin deſtinés à devenir populaires, les toilettes égyptiennes, spartiates, romaines, turques & françaises. Ce fut un délire, un triomphe dont rien n'approcha. Madame Hamelin, — une héroïne de ces fêtes, — madame Hamelin, au pied de Cendrillon, aurait pu seule raconter un de ces soirs magiques auxquels il n'a manqué qu'un peintre comme Watteau, qu'un poëte comme Lattaignant ou Voisenon, l'abbé Fusée!

Quant aux habitués de tous les jours, les intimes des causeries du matin, c'étaient Lucien Bonaparte, M. Fox, madame Visconti, le général Moreau, Mathieu de Montmorency, — cette maigre, blonde & pâle madame de Krüdner, — & ce joyeux vivant qui se nommait Ouvrard, personnage plein de verve & de gaie science, qui avait le faſte d'un homme de cour, l'esprit d'un homme de lettres & l'argent d'un homme d'affaires.

La troisième résidence de madame Récamier, la plus affeétionnée peut-être, c'était Saint-Brice, avec son paysage lumineux, ses eaux courantes, ses épaisses charmilles ; Saint-Brice, où elle eut le bonheur & l'audace de donner asile à madame de Staël poursuivie par l'empereur. On a dit que cette conduite honorable valut à madame Récamier une parole haineuse de Napoléon. — Haïr madame Récamier! cela eſt-il possible? Cela peut-il seulement se comprendre?

Elle visita madame de Staël dans son exil, qu'elle partagea volontairement; mais lorsqu'elle revint à Paris, la fortune de son mari s'était

8.

écroulée. Plus de somptueux hôtels, plus de châteaux féodaux, rien, — rien que la médiocrité latine, dorée encore d'un rayon de sa beauté!

Elle se trouvait aux bains de Dieppe, en noble compagnie de l'auteur d'*Atala,* lorsque la révolution de Juillet vint la surprendre. Ses efforts furent impuissants à retenir M. de Chateaubriand, qui partit pour Paris, où, reconnu bientôt à la porte du *Journal des Débats* par des élèves de l'École polytechnique, il se vit enlevé dans leurs bras & promené en triomphe par-dessus les barricades.

Depuis cette date, madame Récamier n'a pas cessé d'habiter l'Abbaye-au-Bois. Ç'a été son Versailles, son Trianon; elle y tenait cour plénière au coin de son feu; elle avait hérité directement — c'eft-à-dire en ligne spirituelle — de madame Geoffrin, cette bonne dame d'autrefois, chez qui toute la littérature & toute la philosophie d'un siècle étaient avec soin passées au filtre. Elle faisait la pluie & le beau temps du monde de l'intelligence, — plutôt le beau temps que la pluie, — car les orages passaient rarement sur ces auguftes ombrages de l'Abbaye-au-Bois. Pas un homme supérieur qui n'ait brigué l'entrée de ce cénacle, lequel tiendra dans l'hiftoire artiftique de la France une place aussi importante que Port-Royal dans l'histoire religieuse; pas une renommée, haute ou petite, qui n'ait franchi ce seuil, depuis Luce de Lancival, professeur d'éloquence au Prytanée français, jusqu'à Victor Hugo, sacré chez elle *enfant sublime;* depuis le baron Gérard, peintre ordinaire de l'Abbaye, — ce qui était un titre, — jusqu'à M. Ingres, l'artiste inquiet & misanthrope; depuis l'auteur de *la Vestale,* couvert de cheveux blancs & bardé de décorations, jusqu'à l'auteur du *Prophète,* noir & simple, mais étrange comme un enfant de Germanie. Là-bas, Stendhal, qui venait d'écrire son livre *De l'Amour,* a bien souvent rêvé devant ce buste de Canova, placé sur la cheminée; Mérimée, bien jeune, a coudoyé Ballanche, bien vieux; M. de Bonald, bien grave, a salué Rossini, bien rieur. Ce salon bleu & blanc a vu tout à la fois la simarre de M. Pasquier, le cordon de M. le duc de Doudeauville, la tonsure de M. de Lamennais, les palmes de M. de Barante, & l'épée de M. de Vigny, — tout un pan de la galerie des portraits de Versailles dans cinquante ans!

Il y avait aussi à l'Abbaye un accueil doux, presque maternel, pour ces jeunes muses qui commençaient à s'épanouir, vives & attrayantes, mais faibles & délicates comme ces roses sauvages perdues dans les buissons & qui naissent à demi effeuillées. — Vous les connaissez tous, ces muses faciles. — L'une aux yeux noirs, aux cheveux noirs, à la mante noire, se cache derrière la jalousie sévillane, épiant le *majo* qui passe, & laissant tomber un poignard dans un bouquet. L'autre, triste & belle, assise sur quelque débris de temple écroulé, les pieds au fil de l'eau, la tête au soleil, berce un enfant souffreteux devant la treille d'une maison du Pausilippe. Celle-ci se pare des vieilles dentelles & des vieux falbalas de la vieille cour de France; elle danse à l'Opéra, elle soupe à Bagatelle & à Vaucresson. Celle-là, toute récente & toute éplorée, erre au bord des lacs, se couronne de nénuphars & soupire ses peines d'amour aux aulnes de la rive. D'autres rient aux éclats, & ce sont les plus rares; elles courent toutes décoiffées, sautant à travers haies & champs, poursuivies par les gardes champêtres, & chantant à grand bruit la *chanson à madame* de Chérubin !

Si bien qu'avec son chœur de muses modernes, l'Abbaye-au-Bois apparaissait dans le bleu du lointain comme un autre Parnasse, un *sacré vallon,* disaient les derniers preux de la Mythologie.

Ne nous y trompons pas, l'Abbaye-au-Bois formait une coterie littéraire aussi puissante que l'Université & que la *Revue des Deux Mondes.*

Elle distribuait des brevets de gloire & nommait des académiciens, entre autres M. Ampère & l'auteur du *Théâtre de Clara Gazul*. Une lecture à l'Abbaye-au-Bois équivalait à un ordre de représentation à la Comédie-Française. Madame Casa-Major n'est pas arrivée autrement.

Mais n'oublions-nous pas un peu trop madame Récamier pour l'Abbaye ? Ne délaissons-nous pas un peu trop la maîtresse de maison pour la maison elle-même ? Causons encore, causons de cette femme sans rivale, l'orgueil de notre nation, — qui n'a pas tous les jours une si bonne occasion de se montrer orgueilleuse !

Elle aimait à se vêtir de blanc, gazes, mousselines, étoffes tendres. Cela lui allait on ne peut mieux. Son portrait, qui est au Louvre, a été gravé maintes fois. C'est bien là ce visage candide, sans rigueur, qui arrivait parfois à des effets de naïveté incomparable, souvent songeur, profondément distingué toujours. Je retrouve ce regard pénétrant dont bien peu de ceux qui l'entourèrent ont pu guérir. Madame de Tessé disait d'une femme littéraire : « Si j'étais roi, j'ordonnerais à madame... de me parler toujours. » Moi, je ferai une variante à ce mot : Si j'avais été roi, j'aurais ordonné à madame Récamier de me regarder sans cesse.

Elle avait surtout cette coquette amabilité qui eft à la beauté ce qu'eft le relief au monument. Car je suis un peu de l'avis de ce vieil auteur de la comédie de la *Thèse des dames*, qui disait : « S'il n'entrait dans la composition d'une femme quelque pincée du sel de la coquetterie, elle deviendrait le ragoût du monde le plus insipide ; c'eft ce qui la rend piquante & qui jette dans ses yeux tous ces traits de flamme dont le moindre cartilage du cœur ne saurait échapper ; & les femmes qui sont autrement sont de vraies femmes au bain-marie. »

Mademoiselle Mars était peut-être celle qui approchait le plus de madame Récamier pour l'exquise souveraineté des manières. Elle *savait* le regard, comme la châtelaine de l'Abbaye-au-Bois ; ainsi que le sien, son langage était empreint de suavités particulières & d'harmonie nonchalante, — voix d'or, lumière parlée, — suivant l'expression hardie d'un grand écrivain.

C'eft qu'il faut le dire aussi, madame Récamier faisait des *élèves* à son insu. Une soirée passée à l'Abbaye-au-Bois valait mieux pour une comédienne que dix années de Conservatoire. Mademoiselle Mante y avait appris à faire craquer l'éventail de Célimène, à marcher, à sourire, à s'asseoir dans le goût suprême. La juive Rachel y a passé, elle aussi, & peut-être au fond du rôle d'*Adrienne Lecouvreur* retrouverait-on quelques réminiscences brillantes du salon de la rue de Sèvres.

Madame Récamier ne déteſtait pas raconter quelques anecdotes du temps révolutionnaire. Sa mémoire était comme un livre curieux, qu'elle ouvrait devant quelques intimes, & où elle lisait les yeux fermés, — car depuis quelques années sa vue s'était beaucoup affaiblie. Nous voudrions avoir souvenir de tous les traits charmants qu'on tient de sa bouche. — La foule se pressait un matin, rue du Mont-Blanc, devant l'hôtel de l'ambassadeur d'Espagne. Sur le seuil, le roi d'Étrurie, qui allait monter en voiture, causait avec madame Récamier & M. Beffroy de Reigny, cet écrivain qui s'eſt fait une excentrique réputation sous le nom du *Cousin Jacques*. — « Le prince baisait galamment ma main, nous disait madame Récamier, lorsque j'entendis tout à coup une voix bruyante à mon oreille. Je me retournai. C'était un militaire de planton qui s'écriait de toutes ses forces : *Citoyen*, votre voiture eſt prête ; quand *Votre Majeſté* voudra y monter... »

Peut-être connaît-on mieux cette aventure d'un homme qui, se trouvant placé entre madame de Staël & madame Récamier, eut la maladresse de dire : — Me voilà entre l'esprit &

la beauté! — Sans posséder ni l'une ni l'autre, répondit madame de Staël.

Une Anglaise, madame Trollope, qui pouvait avoir beaucoup d'esprit en anglais, mais qui, en français, se contentait simplement de déraisonner, a consacré dans son livre de *Paris & les Parisiens* quelques pages à madame Récamier, qu'elle avait déjà vue à Londres (1). Mais où il faut chercher des détails, plutôt que dans les écrits anecdotiques, c'eſt, ainsi que nous l'avons fait, dans la mémoire religieuse de plusieurs contemporains.

On dit que madame Récamier laisse des *Mémoires*. Nous voudrions le croire, nous n'osons l'espérer. — Ce qu'elle laisse plus sûrement, c'eſt le célèbre tableau de *Corinne*, qui ornait son salon; son buſte, par Canova; le dessin original de l'*Atala* de Girodet, & quelques toiles remarquables dont il ne nous reſte plus souvenir bien précis.

───────

Au fait, voici ces notes de Kotzebue sur madame Récamier. Elles compléteront & ac-

---

(1) Kotzebue, dans ses *Souvenirs de Paris*, édités en 1805 par le libraire Barba (avec des annotations ſtupides, par parenthèse), a également parlé d'elle, — en des termes assez cavaliers, toutefois.

centueront mon ébauche. *L'assassiné* de Karl Sand fait montre, en de certains endroits, d'une indiscrétion qui frôle la fatuité. Après cela, peut-être eſt-ce la faute du traducteur, — qui aura voulu mettre sur les *i* des points plus gros que les *i* eux-mêmes.

SUR MADAME RÉCAMIER

« J'avais des préjugés contre madame Récamier lorsque j'arrivai à Paris; je m'imaginais voir une coquette enivrée des hommages qu'on lui rendait; j'ajoutais foi à toutes les calomnies que les journaliſtes allemands avaient débitées sur son compte. Je désirais la voir, mais non pas la connaître. Ce fut à l'Opéra que je satisfis ma curiosité pour la première fois. « Voilà madame Récamier, » me dit un de mes voisins, & naturellement je m'avançai pour regarder dans la loge qu'il me désignait. Ses cheveux étaient sans ornements; vêtue d'une simple robe blanche, elle paraissait rougir d'être si belle.

« Cette première vue produisit sur moi une impression agréable, & j'acceptai avec plaisir la proposition qu'on me fit de me présenter chez elle. Quoiqu'elle fût au milieu d'une société brillante, elle avait la mise la plus simple. Presque toujours madame Récamier se met en blanc, & très-décemment. Elle n'a sur la tête d'autre ornement que ses cheveux châtains, quelquefois tressés, ou tombant en boucles; d'autres fois relevés négligemment, & retenus par un peigne. Je l'ai vue presque tous les jours pendant plusieurs semaines, sans qu'elle ait jamais eu de parure de diamants.

« Au milieu du tourbillon de Paris, elle remplit tous les devoirs d'une épouse sage, quoique son mari soit d'âge à être son père. La calomnie même ne l'a jamais attaquée de ce côté. Elle n'a point d'enfants, mais elle soigne avec une tendresse vraiment maternelle ceux d'une de ses parentes, auxquels elle tient lieu de mère.

« Je n'oublierai jamais ce beau jour où je la trouvai seule avec une jeune fille sourde & muette qu'elle avait recueillie en allant se promener dans je ne sais quel village. Cette enfant avait été élevée à ses frais pendant quelque temps; elle lui avait ensuite procuré une place à l'excellent institut des Sourds-Muets; dans ce moment elle venait de la faire habiller à neuf, & se l'était fait amener pour la conduire elle-même à l'abbé Sicard. Elle faisait déjeuner cette enfant dans son salon de compagnie, sur une table de marbre, & près d'un miroir dans lequel cette petite fille pouvait se voir des pieds à la tête, probablement pour la première fois. L'émotion de la charmante bienfaitrice en voyant la joie & l'étonnement de cette petite fille, les larmes de la pitié qui coulaient de ses yeux en la baisant au front, la bonté maternelle avec laquelle elle l'engageait à manger, & lui mettait dans les poches ce qui restait dans le sucrier; les remerciements inarticulés de l'enfant, qu'il exprimait par une sorte de cri qui me remplissait d'émotion, seront longtemps présents à ma mémoire...

« Quand les envieux ne peuvent faire croire à leurs accusations contre la vertu & la moralité d'une femme aimable, ils finissent par dire qu'elle n'a point d'esprit. Si la connaissance des vérités naturelles & des produits des beaux-arts peuvent donner à une dame des prétentions à l'esprit, madame Récamier doit en avoir plus que bien d'autres.

« On me demandera peut-être comment on peut juger de l'esprit d'une femme. On peut se fier d'autant plus au jugement que je porte, que non-seulement je vis madame Récamier presque tous les jours, mais qu'en outre une circonstance particulière me mit à portée de juger de son esprit; circonstance dans laquelle ni homme ni femme n'aurait pu dissimuler son insuffisance. Je fus promener en voiture avec madame Récamier pendant quatre ou cinq heures, sans autre compagnie que celle des enfants dont elle prend soin, & qui, certainement, ne se mêlèrent point de la conversation. Il n'y a pas de moyen plus sûr pour connaître le degré d'esprit d'un homme qu'une conversation suivie en voiture (à moins que le sommeil ne s'en mêle); c'est là qu'il doit se développer; & si les personnes qui sont renfermées dans une voiture étroite ont l'une pour l'autre un sentiment d'amitié, c'est là que la confiance est plus grande; & cette femme, que l'on dit sans esprit, m'a fait voir, pendant quatre heures, qu'elle en avait.

« Le dernier reproche que l'on fait à madame Récamier, & qui est insignifiant, c'est son amour pour la magnificence. Les escaliers de sa maison ressemblent à un jardin, c'est affaire de goût; les tentures de ses appartements sont en soie, les cheminées sont de marbre blanc, les pendules & autres meubles ont des ornements en bronze doré, les glaces sont très-grandes; mais tout cela convient parfaitement à un riche particulier. Je n'ai point trouvé de luxe chez elle, dans tel sens qu'on veuille l'entendre ; j'y ai vu du goût partout, & de l'élégance seulement dans un ou deux appartements. Une antichambre, deux salons de compagnie, une chambre à coucher, un cabinet, & une salle à manger, voilà tout son logement ; & certainement une petite maîtresse allemande, qui serait aussi riche, ne se contenterait pas ainsi. Encore un trait, pour prouver combien peu madame Récamier cherche à éblouir par son luxe. Lorsque nous allâmes nous promener ensemble, comme je l'ai dit plus haut, nous montâmes dans une voiture très-propre, mais simple, & attelée de deux chevaux ; nous trouvâmes à la barrière un joli phaéton avec un très-bel attelage, qui nous attendait. Je lui témoignai ma surprise ; elle me dit : « Je n'aime pas à me montrer en ville dans cette voiture, on y attire trop l'attention. » Si c'eſt là de la vanité, au moins elle eſt cachée.

« Les journaux allemands assurent que, pendant que madame Récamier a été en Angleterre, son mari, qui était reſté à Paris, disant un jour qu'il n'avait point de nouvelles de sa femme, une espèce de bel esprit lui demanda avec ironie s'il ne lisait pas la gazette? Quand cela serait vrai, que peut-on en conclure? Madame Récamier peut-elle empêcher que les journaliſtes anglais ne saisissent les plus petites circonſtances pour remplir leurs feuilles? Eſt-ce donc à elle seule que pareille chose eſt arrivée? Lisez le *Morning Chronicle*, vous y trouverez souvent des descriptions de la sensation qu'aura faite à un gala la parure de telle ou telle dame.

« Les journaliſtes allemands ont encore reçu d'autres informations. Madame Récamier avait donné un jour un bal; mais elle s'était couchée sur le minuit, & avait reçu dans sa chambre à coucher tous ceux qu'elle avait conviés à ce bal. Il y a quelque chose de vrai dans cette anecdote. La belle madame Récamier fut saisie à ce bal d'un mal subit & violent; mais elle eut la bonté de ne pas vouloir troubler la joie commune; elle se retira donc dans son appartement, & se coucha. Quelques amis particuliers vinrent savoir des nouvelles de son état; & cette circonſtance si simple, si naturelle, occasionna ce conte ridicule.

« Voici encore une anecdote que rapportent les journaliſtes allemands. Un auteur dramatique, disent-ils, avait fait une pièce dans laquelle cette dame était tournée en ridicule; mais le mari a acheté la pièce pour une somme assez forte. Je suis autorisé par cet auteur lui-même à démentir cette calomnie; il ne lui eft jamais venu dans l'idée d'écrire quelque chose contre madame Récamier : la vérité du fait eft qu'on s'eft permis, à la représentation de l'une de ses pièces, quelques applications ridicules qui paraissaient dirigées contre madame Récamier; & M***, pour faire cesser les mauvais propos, & sans aucune spéculation basse, sans même aucune sollicitation, a eu la délicatesse de retirer sa pièce.

« On avait fait à Paris une caricature sur cette dame; elle entra un jour dans un magasin de gravures, & on la lui offrit sans la connaître; elle m'a elle-même raconté le fait. Elle fut surprise d'abord; mais elle regarda cette gravure de sang-froid. « Sans doute, dit-elle au marchand, cette personne a mauvaise réputation. — Point du tout, répondit-il sur-le-champ; c'eft une dame dont la réputation eft sans tache. » Et il continua de lui prodiguer des éloges qui, n'étant pas suspects, la consolèrent de l'intention qu'on avait pu avoir en traçant la caricature qu'elle avait entre les mains.

« Je pourrais parler encore sur ce sujet, & rapporter des traits qui ne sont remarquables que pour l'observateur exercé, parce qu'ils font voir le fond du cœur; mais il ne convient pas d'en dire davantage : un ami n'a aucun droit de publier ce qui se passe dans l'intérieur de la maison d'une femme bienfaisante. Je crois en avoir dit assez pour détruire les préjugés qu'on pourrait avoir sur madame Récamier. »

ÉDOUARD OURLIAC

ÉDOUARD OURLIAC

A la tête des romanciers de deuxième ordre qui abondent dans notre époque, il faudra placer Édouard Ourliac. Cette opinion nous eft suscitée par la lecture que nous venons de faire de son œuvre, éparse dans les revues, dans les livres ornés d'eftampes & dans les journaux quotidiens. Édouard Ourliac, bien qu'il n'ait vécu que trente-cinq ans, a considérablement écrit; & rien dans l'ensemble de ses travaux ne trahit ce que nous appelons aujourd'hui les concessions au métier. Le *métier*, nous devons le proclamer à la louange de quelques hommes, n'a d'ailleurs point été pratiqué dans la première période du mouvement romantique : il eft presque uniquement le produit du roman-feuilleton.

Sans appartenir précisément à la légion des écrivains qui ont violemment guéri la littérature de ses pâles couleurs, Édouard Ourliac a dû cependant à la fréquentation de plusieurs d'entre eux le souci de la conscience & de la dignité dans le travail. Il n'a jamais porté de défi à ses propres forces, &, dans l'exercice des lettres il n'a pas vu autre chose que la satisfaction de ses inftincts les plus chers.

La place qu'Édouard Ourliac occupa au milieu de ses contemporains fut, sinon une des plus éclatantes, du moins une des plus diftinguées &, graduellement, une des plus solides. Sur la fin de sa courte exiftence, il avait fini par obtenir ce respect & cette autorité littéraires qui n'arrivent habituellement qu'après de longues années & à la suite d'œuvres importantes. Le sérieux, le *pensé* de ses dernières compositions faisaient concevoir des espérances qu'il n'eût certainement pas trompées, si Dieu ne lui avait mesuré le temps d'une façon si parcimonieuse.

Mais Édouard Ourliac n'eft pas de ceux à qui la juftice doive arriver par la compassion. Son nom se passerait aisément de l'auréole funèbre ; nos lecteurs en conviendront, après que nous leur aurons fait traverser la galerie de ses ouvrages.

Auparavant, nous demandons la permission

de placer quelques détails biographiques, qui expliqueront les différentes phases de son talent. Même si nous appuyons sur ce côté de notre étude, si nous développons avec une complaisance trop sympathique les espiègleries, les efforts, les triſteſſes, & finalement les tortures de cette exiſtence diversement éprouvée, il ne faudra y voir que le désir de présenter, à propos d'un seul homme, un côté du grand tableau de la vie littéraire pendant la première période de ce siècle.

Édouard Ourliac naquit le 31 juillet 1813, dans une ville du Midi, à Carcassonne, croyons-nous. Ses parents, demi-artisans, demi-bourgeois, firent des sacrifices pour son éducation, & l'envoyèrent d'abord chez les Lazariſtes de Mont-Didier. Ce commencement d'éducation religieuse demeura toujours l'impression dominante de son enfance; & quoique plus tard il ait accepté toutes les railleries philosophiques & trempé dans presque toutes les folies du monde, c'eſt en grande partie à la puissance de cette impression qu'on doit attribuer son retour à l'autorité eccléſiaſtique. Il reſta chez les Lazariſtes jusqu'à sa première communion, époque à laquelle son père & sa mère vinrent habiter Paris.

Là, on l'envoya au collége Louis-le-Grand, rue Saint-Jacques, où il se fit remarquer par son aptitude pour les lettres. Nous tenons de ses condisciples de merveilleux récits sur sa facilité à composer, principalement des vers français. Ce n'eſt cependant pas comme poëte qu'il devait compter, mais enfin il eſt reconnu depuis longtemps que toutes les natures littéraires se laissent prendre plus ou moins dès l'aurore à cette musique peinte ; pour elles, en effet, c'eſt ce qu'il y a de plus séduisant & de plus facile; de plus séduisant, puisque les grandes renommées se rattachent à ce mot magique de poésie ; de plus facile, parce qu'on y trouve plus qu'ailleurs des sentiments notés, des enthousiasmes prévus, une grammaire bienveillante & offrant des lisières aux bras débiles. Au jeune âge, la grande prose, *la belle prose*, comme disait Buffon, effraye avec ses exigences de faits & de pensées, on ne l'aborde qu'en tremblant & avec embarras ; ou bien on élude la difficulté, on fait ce que l'on appelle de la prose poétique, c'eſt-à-dire quelque chose d'indécis, de puéril, & qui rappelle le *Joseph* de Bitaubé.

Le poëte Ourliac ne reſta pas longtemps au collége; il entra dans l'adminiſtration des hospices. J'ignore si ce fut un bon employé, mais j'en doute, à cause des relations littéraires qu'il noua immédiatement. Son premier protecteur fut M. Touchard-Lafosse, un homme qu'on a vite oublié, un compilateur, un romancier qui cherchait des *veines,* un entrepreneur de *Mémoires;* sous son inspiration directe, il écrivit deux romans, qu'il orna de titres frénétiques, comme c'était alors la mode dans l'école de M. Touchard-Lafosse, de M. le baron de Lamothe-Langon & de M. Horace de Saint-Aubin. Le premier de ces romans était *l'Archevêque & la Protestante,* le second *Jeanne la Noire;* ils furent publiés à un an de distance, en 1832 & en 1833. Nous venons de les relire sans trop d'ennui; il est certain que cela ne vaut pas grand'chose, mais il y a des promesses, une gaieté un peu grosse qui dérive de Scarron & un penchant déjà très-accusé pour les scènes d'hôtellerie. Dans *Jeanne la Noire* surtout, Ourliac avoue nettement ses préférences; elles ne portent ni sur Shakespeare ni sur Dante, non plus que sur lord Byron, par qui cependant les esprits étaient fort remués; ses auteurs préférés, & il en parle le front haut, c'est Le Sage, c'est Walter Scott, c'est madame Cotin elle-même, « qui, dit-il, avec une seule passion du cœur, développée & admirablement décrite, a fait des chefs-d'œuvre. » Il dévoile naïvement ses sympathies pour les épisodes de la Nonne sanglante dans le *Moine* de Lewis, du Curieux impertinent dans Cervantes, de la Lodoïska de Louvet de Couvray, & surtout, — surtout ! — les *admirables hiſtoires de don Raphaël & de Scipion* dans *Gil Blas*. Nous retrouverons fréquemment cette admiration pour Le Sage. Mais ce qu'il y a de plus caraƈtériſtique dans cette sorte de déclaration de principes, par laquelle il termine le troisième volume de *Jeanne la Noire*, c'eſt l'hommage qu'il rend à Boileau, à ce même Boileau que l'école nouvelle avait transformé en bouc émissaire : « Nous sommes heureux, dit-il, de pouvoir conclure par une classique citation du judicieux Boileau, qu'il ne faut point trop haïr parce qu'il a dénigré le Tasse & Molière · c'eſt en romans surtout que

> Le secret eſt d'abord de plaire & de toucher ;
> Inventez des ressorts qui puissent m'attacher. »

Édouard Ourliac indiquait franchement ainsi son point de départ. Je sais bien que l'exécution ne répondit pas d'abord à la promesse; mais n'importe, il y a un aƈte de bonne volonté dont il faut lui tenir compte, en considérant qu'il n'avait pas vingt ans lorsqu'il écrivait ces deux ouvrages, aujourd'hui complétement oubliés, & dont il était le premier à rougir plus tard (1).

Sa jeunesse fut gaie, ou du moins elle revêtit toutes les apparences de la gaieté.

On cite de lui vingt traits. C'eſt Édouard Ourliac qui, après les trois journées de juillet 1830, avait imaginé de se rendre sous les fenêtres du palais des Tuileries, un drapeau tricolore à la main, & suivi d'une bande de gamins recrutés sur son passage ; là, il appelait à grands cris le roi Louis-Philippe, & lorsque le roi Louis-Philippe paraissait au balcon, Ourliac le priait de chanter la *Marseillaise*. Le roi, que de récentes ovations populaires avaient rendu l'esclave de ses moindres sujets, accédait avec un gracieux sourire à l'invitation du jeune porte-drapeau ; &, la main sur son cœur, les yeux au ciel, dans une pose que la peinture officielle a immortalisée, il répétait le chant de son adolescence, dont Ourliac & les siens entonnaient le refrain en chœur. Cela dégénéra tellement en *scie*, que le monarque-citoyen finit par s'en aper-

---

(1) *L'Archevêque & la Proteſtante & Jeanne la Noire* parurent chez Lachapelle, un éditeur étrange, qui payait ses romanciers (quand il les payait) par les plus extravagants moyens, avec des sacs de sable ou des charrettes de pavés, par exemple. Lorsqu'on l'avait bien pressé, il finissait par vous indiquer un acheteur, lequel ne manquait jamais d'habiter d'impossibles banlieues.

cevoir; au risque de s'aliéner le cœur de ses sujets, il consigna à la porte du palais Édouard Ourliac & sa cohorte.

En ce temps-là, un petit journal florissait à l'ombre du souvenir de Beaumarchais : c'était le *Figaro*, qui a passé aux mains d'un grand nombre d'hommes d'esprit, & qui, en politique, a successivement brillé de toutes les couleurs de l'arc-en-ciel. Ourliac trouva place dans ce petit journal : il y connut Balzac, qui se faisait alors la main; Alphonse Karr, qui appelait à l'aide de son talent toutes les originalités pratiques; Paul de Kock, Alexandre Dumas, Scribe, — mélange, confusion, bruit, renommée. Au *Figaro*, on se délassait un peu de la contrainte romantique; on n'était plus cosmopolite, on était Français; Dante & Shakespeare étaient oubliés un moment; on riait, & ce rire semblait être renouvelé des *Actes des Apôtres*, monument de l'esprit de la Révolution. Non pas que je conseille à personne de relire la collection du *Figaro* (d'abord on ne la trouverait pas aisément); ce rire a été usé, cet esprit a été dépassé; en pareil cas, il vaut mieux se souvenir que relire. Édouard Ourliac fit merveille dans ce recueil; il se débarrassa de ce que les leçons de M. Touchard-Lafosse avaient de trop vulgaire; l fut *lui* pour la première fois, c'eſt-à-dire que sa verve de la rue passa entière dans le journal (1). Ce travail de chaque jour acheva de le rompre tout à fait au métier littéraire. A ce point de vue, l'apprentissage par le petit journal, tant décrié, a des côtés réellement profitables.

« La première fois que j'ai rencontré Ourliac, — a écrit M. Arsène Houssaye, — c'était durant le carnaval de 1835, au bal de l'Opéra-Comique. On faisait cercle pour le voir danser. Il avait imaginé de représenter en dansant Napoléon à toutes les périodes suprêmes de sa vie: aux Pyramides, à Waterloo, à Sainte-Hélène. Il menait en laisse une femme qui ressemblait à un mélancolique paſtel de Landberg, une de ces femmes qui vivent le plus honnêtement possible en deçà du mariage & hors du célibat. Nous fûmes du même souper; je m'aperçus que sous le danseur il y avait un poëte..... Il avait écrit deux romans de pacotille. C'était son désespoir. Il ne savait comment racheter ses premiers péchés littéraires. Il vivait avec son père & sa mère, rue Saint-Roch. Il habitait une petite chambre bleue, si j'ai bonne mémoire, tapissée de quelques paſtiches de Watteau & de Boucher; sa bibliothèque renfermait presque autant de pipes que d'in-octavo. On ne l'y voyait que le soir ou le dimanche, car il était attelé à un petit emploi de douze cents francs aux Enfants-Trouvés. Il avait beaucoup de camarades & *peu d'amis*. C'était dans

---

(1) M. Alphonse Karr s'eſt plusieurs fois souvenu des traits & des mots d'Édouard Ourliac. On lit fréquemment dans les *Guêpes* : « E. O. disait... »

notre poétique Bohème de l'impasse du Doyenné que nous vivions en familiarité avec ce charmant esprit. Édouard Ourliac venait tous les matins nous voir dans ce royaume de la fantaisie. C'était son chemin pour aller aux Enfants-Trouvés..... Nous n'avions pas d'argent, mais nous vivions en grands seigneurs; nous donnions la comédie; ces dames de l'Opéra soupaient chez nous, vaille que vaille, & daignaient danser pour nous à la fortune de leurs souliers. Édouard Ourliac surtout donnait la comédie. C'était le Molière de la bande. Il était auteur & acteur avec la même verve & la même gaieté. A une de nos fêtes ces dames le noyèrent, à plusieurs reprises, dans une avalanche de bouquets. »

La vérité eft qu'avec la vive tournure de son esprit & de son corps, il excellait surtout dans la représentation des arlequins. Ce n'était pas que de plus sérieuses tentatives ne se fissent jour à travers ces folies : on a le souvenir d'une tragédie en un acte & en vers, composée par Édouard Ourliac pour le théâtre intime de la rue du Doyenné; cette tragédie, reftée inédite, avait devancé & deviné le *Ruy Blas* de M. Victor Hugo, car elle mettait en scène la passion d'un domeftique pour une grande dame.

Malgré les bals & les femmes menées en laisse, Édouard Ourliac n'a pas laissé la mémoire d'un don Juan littéraire. Ses amours un peu vagabondes peuvent se résumer en cinq ou six aventures, dont quelques-unes avec des actrices des petits théâtres. Eft-ce chez une de ces actrices qu'il aura rencontré le type séduisant de *Suzanne?* J'avoue que j'en doute; je préfère supposer que l'une d'elles a posé devant lui, comme posent devant l'artifte ces créatures banales transformées à leur insu en Mignon ou en Sapho. Le *modèle* eft indispensable à l'écrivain comme au peintre; tantôt c'eft la femme qu'on désire, tantôt la femme qu'on regrette; d'autres fois c'eft un vice myftérieux & caressé que l'on extrait du fond de son cœur pour en doter publiquement le héros de son livre. Molière, l'abbé Prévoft, Beaumarchais n'ont pas fait autrement. Et Balzac donc! vous le meniez dans votre famille, parmi vos frères, vos sœurs, votre père, votre mère, vos oncles & vos tantes; Balzac n'avait l'air de rien, il riait, causait & faisait la partie au coin du feu; seulement, au bout de trois jours, il vous racontait l'hiftoire de votre famille entière, sans vous faire grâce d'un cousin. Il avait pris ses *notes;* en d'autres termes, tous ces gens-là avaient été autant de modèles pour lui.

Je ne sais comment Édouard Ourliac se trouva amené à écrire dans le *Journal des Enfants.* Toutefois eft-il qu'il en devint bientôt un des collaborateurs les plus assidus & les plus aimés. Une ou deux parades qu'il avait écrites sans y prendre garde eurent un succès inespéré ; on lui en demanda d'autres ; & une véritable vogue s'attacha dès lors à ces petites compositions scéniques.

L'une d'elles, *la Première Tragédie de Gœthe*, contient un prologue en vers débité par le seigneur Croquignole :

> Permettez-moi, Messieurs, en mouchant mes chandelles,
> De causer un inftant de ce qu'on joue ici ;
> Ce ne sont, il est vrai, que farces, bagatelles,
> Mais si l'on eft content, je le suis fort aussi.
> Ma foi ! vive la joie et les parades folles
> Où le héros survient, la perruque à l'envers,
> Un bras gris, l'autre bleu, le chapeau de travers,
> Et débute, s'il veut, par quelque cabriole.
> Ma cataftrophe, à moi, c'eft un coup de bâton ;
> Mon poignard, Arlequin le porte à sa ceinture ;
> Nos sabres sont de bois, nos noirceurs en peinture,
> Et si le dénoûment nous touche d'aventure,
> C'eft qu'on doit immoler un pâté de carton.

Voilà son programme tout entier. On aime à découvrir ce coin de naïveté inattendu chez un auteur déjà aguerri aux malices du *Figaro*, cet amour des enfants chez un journalifte accoutumé à tirer profit des passions des hommes. Mais qu'on ne s'abuse pas cependant : le théâtre d'Édouard Ourliac procède moins de Berquin que de Gherardi ; la tradition qu'il suit eft celle des Janot, des Grippe-Soleil, des Funambules, du tréteau. Il ne danse pas, il gambade; il ne mange pas, il s'empiffre; il ne rit pas, il tombe en épilepsie. Mais comme après tout il ne cherche pas à dissimuler son pastiche, qu'au contraire il l'étale franchement, on le lit sans prévention, & on se laisse volontiers prendre au rire qu'il sait exciter. Parmi les pièces de ce spectacle dans une chaise, *l'Hôpital des fous* est basé sur une idée fort plaisante. La scène se passe dans la cour d'un établissement d'aliénés; un poëte pensionnaire du lieu entre avec quatre de ses camarades :

« LE POETE. — Ma foi, messieurs, vous me voyez fort embarrassé. J'ai composé pour ce soir un grand ouvrage de théâtre (car vous savez que c'est mon métier), & je n'en connais pas encore le sujet. Mon drame, s'il vous plaît, doit être précisément ce qui va se passer aujourd'hui ici même; belle pièce, je vous jure, & où l'on verra s'agiter toutes les passions qui gouvernent la destinée humaine. Nous y jouerons tous notre rôle. On nous recommande de peindre les hommes; mais, que diable! nous sommes des hommes. Au lieu d'une copie de la nature, nous donnons l'original. Ça, l'heure approche, le théâtre est tout prêt. On entrera par cette porte, on sortira par cette autre. Je vous prie aussi de considérer comme nos décors sont bien peints; que ces arbres sont de vrais arbres, & que cette cour est une cour véritable. Je suis fort curieux de connaître mon œuvre, & si le héros eft laid, & si l'héroïne chante bien, si cela eft sérieux, si cela eft comique. Il serait temps de commencer. Mais je ne vois point arriver d'acteurs. »

Le poëte se dépite pendant quelque temps; enfin, il aperçoit un homme qui escalade le mur de l'hospice & saute dans la cour.

« LE POETE. — N'en doutez plus, la scène s'ouvre. C'eft le héros du poëme. Allons, la musique! ferme, tenez bon, soufflez fort.

PASCARIEL. — Ouf! pefte soit des gens qui m'ont valu ce saut! Je cours après mon maître comme il court après la raison, & je perdrai mes jambes comme il a perdu son esprit. Je vais m'informer à ces gens que voilà. — *Au poëte* : Monsieur, je cherche ici mon maître.

LE POETE. — Je le sais, vous entrez par la gauche du théâtre; c'eft fort bien, je l'avais pensé ainsi. Mais que m'allez-vous dire à cette heure? Qui vous envoie? Qui vous attrifte ou vous égaye? Êtes-vous le messager funèbre de la fatalité où le héraut bouffon d'une trame burlesque? Venez-vous nouer une action tragique ou n'êtes-vous qu'un valet de comédie? Allez-vous rire ou pleurer, donner des coups de poignard ou recevoir des coups de bâton?

PASCARIEL. — Mon ami, vous tenez vous-même sur la nuque un assez joli coup de marteau, & je donnais dans une fière bourde. Je ne suis point un valet de comédie, entendez-vous, & si je vous donne à pleurer, je jure en tout cas que vous me faites rire.

Le poete. — Parlez plus gravement, & exposez-moi votre conte.

Pascariel. — Je ne demande pas mieux, soyez donc raisonnable.

Le poete. — Soyez vous-même plus réservé; le ton doux, la voix claire, le gefte mesuré, allez.

Pascariel. — Eh bien! oui, soit, je veux bien.

Le poete. — Vous entrez par là?

Pascariel. — Sans doute, j'entre par là, & je vais vous dire pourquoi. Mon maître a perdu ces jours-ci sa raison au jeu. J'entends qu'il a perdu sa raison, parce qu'il a perdu son argent. L'esprit lui a tourné.

Le poete. — C'eft grand dommage, & vous m'intéressez au dernier point. Continuez.

Pascariel. — On a conduit mon maître dans cette maison. Sa famille eft désolée. J'apporte ici une lettre de son oncle, pour qu'on ait à le bien soigner. Or, je voulais le voir par la même occasion, car je l'aime tendrement; on a eu la barbarie de s'y opposer; les guichetiers m'ont barré le passage. Heureusement, je suis garçon avisé autant que fidèle, j'ai du cœur & de l'esprit : je vous ai planté une grande échelle au pied de ce mur, & me voici en deux sauts.

Le poete. — A merveille! L'hiftoire paraît vraisemblable & s'expose naturellement. Tout me fait présumer un dénoûment heureux.

Pascariel. — Indiquez-moi d'abord où je trouverai mon maître, si vous le connaissez. C'eft un grand brun, bien fait, l'œil bleu, le nez de travers & une verrue sur la joue.

Le poete. — Soignez votre ſtyle surtout. Ne vous intimidez pas. Bonjour. (*Il sort.*) »

Cela, comme nous l'avons dit il y a quelques lignes plus haut, n'eſt pas en effet dans la manière du Bordelais Berquin, mais cela n'en vaut pas moins sous le rapport littéraire. — A la même époque, nous assure-t-on, Ourliac, que le démon des vers n'avait pas encore abandonné, insérait des fragments poétiques dans les recueils de madame Janet, la providence des poëtes d'alors (les poëtes d'à présent n'ont plus de providence). On veut aussi qu'il ait passé par le feuilleton du *Conſtitutionnel*, mais pour s'y moquer des propriétaires & des lecteurs. De ce moment, & par suite de cette multiplicité de travaux, il commença à compter dans les rangs littéraires; aussi croyons-nous devoir placer là une esquisse de sa personne.

C'était un petit homme; il avait le teint un peu bilieux; le sang-froid & le petillement se succédaient sans transition sur sa physionomie, inconteſtablement marquée du sceau de l'intelligence (1). A le voir, à l'écouter surtout, on aurait dit un neveu de Voltaire. C'était bien là le jour-

(1) Nous ne connaissons pas de portrait d'Édouard Ourliac. Seulement, dans une série de trois planches intitulée : *Grande course au clocher académique*, Grandville l'a représenté derrière Balzac.

nalifte endiablé, l'homme du coup de griffe ; c'était bien là l'esprit parisien dans sa personnification la plus téméraire, tantôt habillant l'insolence d'un vêtement de gravité, tantôt faisant traîner à la raison toutes les fanfreluches & toutes les casseroles de la Courtille. M. Arsène Houssaye a dit vrai : Ourliac avait beaucoup de camarades & peu d'amis. La faute en était à son caractère trop exclusivement & surtout trop brillamment tourné vers la goguenardise. Il était le feu, l'entrain d'un repas d'hommes de lettres ; il en était aussi l'inquiétude. Il tirait ses pétards dans les jambes de tout le monde, ou bien, comme Musson le myftificateur, il choisissait une victime, & dès qu'il l'avait choisie il ne la lâchait plus. Il était acerbe, quoique turbulent, & certains de ses bons mots produisaient une sensation de froid, comparable à celle d'un acier entamant l'épiderme. L'étude des parades lui avait donné un goût réel pour la cruauté dans le comique ; il ne parlait qu'avec délices des coups de bâton pleuvant dru sur l'échine, des côtes fracassées, des médecines amères, de la noyade & de la pendaison ; il se plaisait à faire frissonner son auditoire avec des détails chirurgicaux. Pour tout dire enfin, son esprit n'aimait qu'à travailler *sur le vif*. Aussi toutes ses plaisanteries n'avaient-elles pas le même succès ; quelques-unes ressemblaient trop à ces bourrades que se donnent les paysans dans les fêtes de village, ou à ces espiègleries funèbres qui consistent à se revêtir d'un long drap blanc & à venir agiter des chaînes dans la chambre d'un ami qui dort. Lui-même en est convenu de bonne foi :

> Je l'avoue, un soufflet qui se trompe de face,
> Au fort de son courroux Cassandre qu'on fait choir,
> Un coup de pied qu'on donne ou reçoit avec grâce,
> Un grand plat de bouillie en un manteau bien noir ;
> Gille, en fouillant au pot, qui se brûle à la braise,
> Et qui lèche en hurlant ses doigts enfarinés ;
> Quand celui-ci s'assied, l'autre tirant la chaise,
> Et les portes toujours se fermant sur les nez,
> Sont divertissements qui me font pâmer d'aise (1).

Tout cela contribuait à le faire redouter de ses collègues, spirituels autant que lui peut-être, mais moins doués de spontanéité. Quoi qu'il en soit, de là au méchant homme qu'on a voulu faire d'Édouard Ourliac, il y a loin, très-loin. Son cœur était sain & bon. S'il n'a pas contracté d'amitiés dans les lettres, il a rencontré dans la vie privée & partagé de douces affections.

Dans un croquis très-littérairement tracé, MM. Edmond & Jules de Goncourt ont admis peut-être avec une facilité trop prompte cer-

---

(1) Prologue du *Seigneur Croquignole*.

tains renseignements sur les habitudes très-privées d'Ourliac ; ils lui ont presque fait un crime du peu d'argent dont il pouvait disposer dans les parties de plaisir (1). On peut répondre, à la décharge de ce pauvre garçon, qu'il ne possédait aucune espèce de patrimoine, & que la littérature telle qu'il la pratiquait pouvait suffire tout au plus aux exigences premières de la vie. Qu'il ait conçu quelque honte de sa pauvreté & qu'il l'ait exhalée ensuite dans des romans, tels que *Collinet* et *Suzanne,* cela eſt tout naturel. Mais nous ne nous avancerons pas davantage sur ce terrain.

(1) « Quand rompant sa chaîne de famille, & parti tout un jour de la maison paternelle, Ourliac courait les cabarets autour de Paris avec une bande d'amis, des artiſtes et des écrivains de son âge, il lâchait toute bride à sa verve. Il improvisait des chansons burlesques :

> Le père de la demoiselle,
> Un monsieur fort bien,
> En culotte de peau,
> Qui voulait tout savoir !

« A ces petites fêtes sous la treille de banlieue, quand il s'agissait d'en payer l'écot, Ourliac n'avait jamais que quarante sous dans sa poche ; c'était le *nec plus ultrà* de son appoint. » Autre part, MM. de Goncourt disent encore : « Au milieu des rires qui accueillaient ses saillies, il reſtait grave & blême, presque humilié d'une galerie, comme un Deburau sur une chaise curule ; &, chose étonnante, de ce Pierrot dont il avait si bien la face, il avait aussi les mignons vices ; il eût très-bien passé par les sept compartiments d'un dessin allemand des sept péchés capitaux, etc., etc. »

Pour donner à la fois une idée précise de son caractère & des tendances de sa littérature, à l'époque de sa collaboration au *Figaro*, nous allons prendre une composition publiée, en 1837, dans les livraisons de ce journal : *la Jeunesse du temps, ou le Temps de la jeunesse, parade bourgeoise.* Elle est peu connue, & elle est réjouissante. — M. Vidalot est un marchand de Saint-Quentin, un honnête drapier. Il attend son fils Joseph, qui doit revenir ce jour même de Paris, après quatre années passées dans l'étude du droit. Un inconnu de mauvaise mine se présente en déclinant le nom de Joséphin Widarlof. Il embrasse la bonne, il embrasse la cousine Canélia; c'est lui, c'est l'enfant prodigue.

« Ah! s'écrie-t-il, comme il est doux de revoir sa vieille maison, le clos, le verger où l'on a joué tout enfant, les volets verts, la vigne grimpante, la mare aux canards, le dindon qui glousse, & vous, mon vénérable père, & vous! O jardin paternel! Tiens, il faudra que je fasse des vers là-dessus; j'en ai de fameux dans ma malle, vous verrez ça.

LE PÈRE. — Ce sont là des occupations secondaires, mon fils, nous en parlerons à leur tour.

JOSÉPHIN. — O papa, qu'avez-vous dit? l'art, des occupations secondaires! toute la vie d'un homme! l'art, cette doublure de Dieu! ce culte, cette religion! Écoutez ceci :

Le premier château fort qu'on rencontre quand on

Débouche par le plus joli bois du canton,
Eſt celui du seigneur de Couci, le beau sire...

Comment trouvez-vous ce début?

Le père. — Ça coule, ça coule bien. Tu as de la facilité. Mais parle-moi d'abord de tes études.

Joséphin. — Inutile. Je n'ai pas de diplôme. Injuſtice criante! Je n'ai pas été reçu. Il eſt vrai que je ne me suis pas présenté. »

A ces paroles, la désolation du père commence. Joséphin ne fait qu'en rire. Il caresse sa grande barbe, il demande du feu pour allumer son cigare, il secoue ses manchettes & pirouette avec des façons débraillées.

« Palsambleu! ma jolie cousine, il eſt fâcheux que vous ne soyez pas une femme du bel air avec le mantelet, les mules & les mouches, & mon père un vieux roué avec la bourse & l'épée; je me serais cru, au milieu de ces meubles du temps, en partie fine, dans une petite maison du faubourg Saint-Jacques.

Le père. — Mon fils, tu m'assassines! Et tes inscriptions payées chaque mois, & tes livres, & ta pension de douze cents francs, le revenu d'une famille!

Joséphin. — Et mes poésies! mon roman! Croyez-vous qu'il n'en coûte rien pour vendre ses livres au libraire?

Le père. — Et l'argent de votre parrain?

Joséphin — Je m'en suis fait une redingote.

Le père. — Et mes étrennes?

JOSÉPHIN. — J'en ai soulagé l'indigence... où je me trouvais.

LE PÈRE. — Seigneur du ciel! il me manquait cela sur mes vieux jours. C'eſt fini, je n'ai plus de fils; car je rougirais d'appeler ainsi un mauvais sujet, qui faisait mon orgueil & ma consolation. C'eſt ainsi que vous reconnaissez les sacrifices que j'ai faits pour vous : je me privais des aliments les plus grossiers, & Monsieur dissipait mon avoir dans la capitale avec ces femmes légères, l'opprobre de leur sexe! Vous avez fréquenté ces repaires où l'on commence par être dupe & où l'on finit par être fripon. Le chemin du vice eſt rapide; de là à l'échafaud il n'y a qu'un pas. Grand Dieu! un Vidalot sur l'échafaud! Retirez-vous de ma présence, montez dans votre chambre jusqu'à nouvel ordre; je vous chasse!

JOSÉPHIN, *tendant la main*. — Vous me donnerez ma pension?

LE PÈRE. — Vous levez la main sur moi! Frappez, frappez le sein de votre père! frappez les entrailles qui vous ont porté, les mamelles qui vous ont allaité!

JOSÉPHIN. — Papa, calmez-vous, songez qu'il y a des dames.

LE PÈRE. — Cela m'eſt bien égal, je ne me connais plus. Ah! vous m'injuriez! Battre son père, vil passe-temps! indigne d'un bon fils! »

Ici la parodie eſt complète; elle dérive de *Robert Macaire,* cette pièce monſtrueuse qui a exercé autant d'influence sur les mœurs du dix-neuvième siècle que le *Mariage de Figaro* sur celles du dix-huitième. La raillerie étourdie du jeune Ourliac ne s'arrête devant aucune sottise, pas même devant la sottise paternelle. Il se moque des cheveux blancs, quand ces cheveux sont ceux de Jocrisse. Tout principe, toute moralité s'envole devant sa téméraire épigramme. Il amuse, c'eſt vrai, mais à des conditions inacceptables ; & plus tard, Édouard Ourliac devait être le premier à regretter tant de verve employée si mal à propos. La gouaillerie littéraire reprend le dessus. — « Demain, je vous ferai embarquer ! s'écrie le père. »

« Joséphin. — Embarquer ! ça va. Couleur maritime. Oh ! les heures de quart, par les belles nuits du tropique ! l'horizon bleu, le bercement des huniers, les mœurs tranchées, l'agile corvette qui file dix nœuds, les pays nouveaux, les brunes filles de Madras, de l'or, du grog & du tafia !

Le père. — Tu ne t'embarqueras pas ; je te ferai mettre à la tour de Saint-Quentin.

Joséphin. — La tour ! Couleur moyen âge. Tête-Dieu ! messeigneurs les hauts barons n'ont pas tel fief dans leur apanage : quatre donjons avec mâchicoulis & barbacanes, haute & basse juſtice dans le canton, cent bonnes lances & trois cents gens de pied ! Vous êtes insensé, maître, si vous croyez que cela me contrarie ! Holà ! Pasque-Dieu ! varlets & manants, mon haubert, ma cuirasse & ma bonne lame de Tolède !

Le père. — Tu refteras ici, & dès demain tu tiendras la boutique.

Joséphin. — Oh! pour cela, impossible, papa! Couleur garde national, couleur épicier, couleur tricolore. Impossible! »

Aucune nuance, pas même la nuance politique, ne manque à ce petit tableau, où repassent tous les livres orgiaques d'alors, la *Salamandre*, le bibliophile Jacob, les romans intimes de Drouineau & la république du *National*. Édouard Ourliac s'attaque à toutes les actualités, à la colonne Vendôme, aux briquets phosphoriques, aux mythes, à la palingénésie, au parapluie, à tout ce qui eft relief ou trait caractériftique. Il y a même un personnage mûr, Balloche, qui eft imité de M. Prudhomme. De tous ces éléments, il résulte quelque chose de fort drolatique, certes. Le mot éclate sous les pieds, la phrase cherche l'impossible dans le joyeux; le rire s'y déploie, exagéré & grimaçant, comme sur les masques antiques où la bouche déchire la joue. Mais, j'ai quelque regret à le dire, ce n'eft pas du comique, dans le sens large & humain de ce mot ; ce n'eft pas même de la caricature, quoique cela y ressemble d'abord. C'eft quelque chose à côté, un sous-genre qui apprête bien des supplices aux linguiftes de l'avenir, une nouvelle langue d'argot spécialement empruntée aux mœurs artiſtiques, & comme qui dirait les balayures des ateliers de peinture & des cabinets littéraires. L'expression, recrutée dans le vagabondage des entretiens les plus intimes, s'y montre sous un déshabillé dissolu, comme ces courtisanes qui hasardent tout dans leur demi-coſtume. C'eſt la folie organisée en rhétorique & rencontrant, à travers ses écarts, d'incroyables bonnes fortunes de pensée & de forme. Un mot créé sous le dix-neuvième siècle, mais trop souvent détourné de sa vraie signification, — la *blague*, — pourrait servir à qualifier certains aspects de cet idiome, si difficile à baptiser. L'auteur de la *Jeunesse du Temps* a, un des premiers, popularisé l'école de la *blague*, à une époque où la bourgeoisie rebelle eſtimait qu'elle avait déjà bien assez à faire avec le romantisme sur les bras. En même temps qu'Ourliac, on remarquait dans ce sillon moqueur l'auteur des *Jeune-France*, Théophile Gautier, & ces deux vaudevilliſtes qui ont souvent approché de la comédie : MM. Duvert & Lauzanne. Le petit journal fit le reſte ; & aujourd'hui, quoique cette école bâtarde ne nous semble réunir aucune condition de vitalité, partant de durée, ne l'en voilà pas moins inſtallée & même fortifiée dans ses retranchements. Elle compte déjà des succès ; on peut considérer comme deux de ses types les plus distinctifs, & comme deux exemples de ce qu'elle a fourni de détestable & de supérieur, la création de *Jérôme Paturot* & la série des *Scènes de la Bohème*. Tout ce que nous pourrions écrire pour & contre la *blague* se trouve contenu dans ces deux ouvrages, si différents & si pareils; nous n'irons pas chercher nos arguments ailleurs. Chez M. Reybaud, c'est la bourgeoisie qui se venge de la littérature; chez M. Mürger, c'est la littérature qui se venge de la littérature elle-même. Le but est commun dans l'un & l'autre livre, les moyens sont semblables aussi; mais combien leur mise en œuvre diffère, & quelle énorme distance sépare ce *Paturot* si lourd, si vulgaire, des *Scènes de la Bohème*, si vives, si folles & si brillantes dans leur immoralité!

Revenons au proverbe d'Édouard Ourliac, pour en dire la conclusion. Chassé par son père, Joséphin lui écrit une lettre :

« Je ne puis vivre éloigné de vous, mon père; il ne me reste plus un liard. D'ailleurs, j'ai tout vu, tout usé, tout approfondi. Je suis las de la terre où l'on se crotte, des hommes à qui l'on doit de l'argent, des libraires qui n'en donnent pas, des maîtresses qui en demandent, des dîners à dix-huit sous, des bottes percées & des portiers. Vous m'avez donné la vie, père voluptueux & cruel, je vous la rends pour n'avoir rien à vous. Je prends donc la liberté de m'asphyxier sous la tonnelle de votre jardin. Réjouissez-vous : à trois heures très-précises votre polisson de fils aura cessé de vivre. »

On va au jardin, où on le trouve à demi renversé dans une posture vaporeuse. — Quelle tête volcanique! s'écrie le père; & il court après un docteur, laissant Joséphin en tête-à-tête avec Canélia, sa cousine.

« Canélia. — Pauvre cousin! Tiens, il est gentil comme cela; on dirait qu'il dort. Si je lui faisais respirer des sels? (*Elle va chercher un flacon.*)

Joséphin, *à part*. — Qu'il est doux de voir ainsi planer au-dessus de soi un ange à la voix de femme, une blanche vision! Au fait, cette enfant-là n'est pas si laide qu'elle en a l'air; dans mon ardeur de fuir l'auteur de mes jours, je ne l'avais pas remarquée. Et puis, je lui ai fait un certain effet, — je le crois bien! — un beau front pâle, — de longs cheveux épars, — jeune poëte mourant!

Canélia, *revenant*. — Tenez, beau cousin, respirez.

Joséphin, *feignant l'égarement*. — Euh! eh! ah!... la muse passe avec une étoile au front; elle pose ses pieds nus sur des nuages d'or... Canélia!

Canélia. — Il m'appelle? Oh! pauvre jeune homme!

Joséphin. — Canélia! c'est toi que j'ai rêvée, c'est toi qui passes dans ma sombre nuit...

Canélia. — Il pense à moi. Joséphin!

Joséphin. — Laisse tes beaux cheveux pleuvoir

sur mon front; laisse tomber un baiser sur ma lèvre, comme une rosée sur la fleur flétrie.

Canélia. — On ne peut rien refuser à un malade. Souffrez-vous encore, mon cousin?

Joséphin. — Au contraire, belle cousine; encore un baiser & j'irai à ravir.

Canélia. — Si mon oncle nous voyait... Finissez! »

Joséphin ne finit pas, & l'oncle les voit; il ne sait trop, cet oncle, s'il doit se fâcher ou rire, mais sa bonté l'emporte. De son côté, Joséphin prononce en ces termes son abdication poétique :

« Joséphin. — Je renonce à Satan, à ses pompes & à mes œuvres. Je n'ai pas dîné, je n'ai pas un sou, j'aime ma cousine, & je me fais drapier, marguillier, allumeur de réverbères, s'il vous plaît. O figure symbolique de l'induſtrie, que tu es enchanteresse! ô sirène fallacieuse, qui nages dans le vert-de-gris des gros sous, que tes charmes sont puissants sur un poëte à jeun!

Le père. — Mes chers enfants, je vous unis; allons nous livrer à la joie.

Joséphin *prend un bonnet de coton des mains de son père & s'en couvre la tête.* — O sacré flambeau du genre, étouffe-toi sous l'éteignoir! »

Cette fin a été imitée très-visiblement dans *Jérôme Paturot.*

Le même journal ayant publié *César Birotteau,* un des chefs-d'œuvre de Balzac, Édouard

Ourliac eut l'honneur d'écrire pour ce roman une préface qui ne ressemble à aucune préface connue. C'eſt de cet épisode sans doute qu'il faut dater la liaison de ces deux hommes, qui ont plusieurs points de contact dans le talent. Lorsque Balzac fut saisi tout à coup d'une fantaisie de collaboration, principalement en vue du théâtre, il songea d'abord à Édouard Ourliac. Le deuxième acte de *Vautrin* passe pour être presque en entier de ce dernier.

Les occasions de se produire ne lui manquèrent plus; il mit son nom dans la série des *Français peints par eux-mêmes,* dans la nouvelle *Caricature,* dans la *Presse,* où il imprima la *Confession de Nazarille,* œuvre assez faible, selon moi, & qui cependant souleva les susceptibilités morales des abonnés. C'eſt qu'Ourliac était alors plus que jamais engagé dans la voie du scepticisme. Un puissant effort sur lui-même l'en tira subitement; un premier cri de douleur s'échappa de cette jeune poitrine : il fit le volume intitulé *Suzanne.*

On a dit — & c'eſt l'éloge désespéré que tous les beaux romans arrachent à la critique — qu'il avait mis sa propre hiſtoire dans *Suzanne.* Nous croyons plutôt que c'eſt une manière perfide de lui attribuer les traits souvent odieux dont il s'eſt servi pour peindre le personnage de La

Reynie. Il faut avouer qu'il eût été ou bien maladroit ou bien cynique en hasardant de lui un tel portrait; son esprit de mortification, qui se développa par la suite, n'allait pas encore jusque-là. Accordons qu'il eft singulièrement entré pour quelques inftants *dans la peau de son héros,* si nous pouvons nous servir de cette expression récente, mais n'allons pas plus loin ; ce serait méconnaître de la façon la plus outrageuse les priviléges de la composition littéraire. Quand on dit que l'abbé Prévoft s'eft peint dans Desgrieux, George Sand dans Indiana, & Édouard Ourliac dans La Reynie, on se trompe; ne dites pas qu'ils se sont peints, dites qu'ils se sont rêvés.

Suzanne donna la vraie mesure de son auteur, dont elle dévoila tout à coup une des facultés les plus inattendues : celle des larmes.

Madame de Girardin, à propos des parades du *Journal des Enfants,* avait signalé ce talent plein d'hilarité. Balzac, dans sa *Revue parisienne* (n° du 25 août 1840), annonça *Suzanne* & la *Confession de Nazarille* en ces termes : « Je m'occuperai de M. Ourliac dans ma prochaine lettre, parce que je connais de lui des fragments pleins de comique & recommandables par une certaine puissance de dialogue. » Le numéro suivant de la *Revue* contient, en effet, le compte rendu de *Suzanne;* comme tout ce qui émane de la critique trop rare de Balzac, ce morceau eſt un modèle d'appréciation philosophique & grammaticale; il y indique les points de ressemblance entre *Suzanne* & *Ceci n'eſt pas un conte,* de Diderot, tout en rendant juſtice à l'intérêt poignant qui domine dans *Suzanne.*

« M. Ourliac, dit-il, a l'entente des délicatesses de la femme. On sera content d'avoir lu un volume où l'on rencontre des scènes comme celle où Suzanne ruinée, sans asile & sans pain, trouve de l'argent pour apporter des fleurs, dans deux pots de porcelaine, à La Reynie qui les casse; comme celle où La Reynie, par un de ces éclairs de vigueur si fréquents chez les Méridionaux, vient souper chez la cantatrice sans invitation, insulte les convives, compromet Suzanne, si chaſte, si pure, & si belle jusque-là, & finit par devoir à cette lueur d'énergie qui simule l'amour, la récompense refusée à l'amour vrai de M. d'Haubertchamp. Ces deux scènes, entre autres, annoncent un vrai talent. Elles ne sont pas dans Diderot. »

Plus loin, M. de Balzac analyse le ſtyle d'Édouard Ourliac :

« A part quelques emmélements dans le fil des idées, sa phrase eſt nette, vive, précise. M. Ourliac peut devenir un écrivain; mais il n'a pas encore étudié le travail que demande la langue française, & dont les secrets sont surtout dans l'admirable prose de Charles Nodier. Il entasse imparfait sur imparfait pendant trois ou quatre pages, ce qui fatigue & l'œil & l'oreille & l'entendement ; quand il a trop de l'imparfait il se sert du verbe au prétérit. Il ne sait pas encore varier la forme de la phrase, il ignore les ciselures patientes que veulent les phrases incidentes & la manière de les grouper. Entre la force qui marche, à l'inftar de Bossuet & de Corneille, par la seule puissance du verbe & du subftantif, & le ftyle ample, fleuri, qui donne de la valeur aux adjectifs, il y a l'écueil de la monotonie des temps du verbe. Cet écueil, M. Ourliac ne l'a même pas soupçonné. Néanmoins, il y a en lui les rudiments d'un ftyle particulier, sans ampleur, mais suffisant. »

On voit que Balzac n'épargne pas la vérité à l'auteur de *Suzanne*. C'eft que Balzac l'eftimait & le traitait, non pas en père, non pas en ami, mais en confrère, c'eft-à-dire presque d'égal à égal.

Subissant l'effet de ces encouragements, Ourliac ne devait plus s'arrêter dans sa transformation. Aux réminiscences religieuses qui devenaient de plus en plus fréquentes en lui, se joignirent — on ne sait par quelle succession d'idées — des aspirations légitimiftes, qui se traduisirent par une étude de la Vendée & de sa chouannerie. Les buissons, qu'il interrogea avec une pieuse patience, lui racontèrent des drames héroïques, de plaintives anecdotes. *Mademoi-*

selle de la Charnaye, insérée dans la *Revue des Deux Mondes,* eſt l'expression la plus complète de cette phase; &, vraisemblablement, s'il nous eût donné beaucoup de nouvelles comparables à celle-ci pour l'émotion & la vérité, ce n'eſt pas au second rang, mais bien au premier, que nous aurions aujourd'hui à placer Édouard Ourliac. *Mademoiselle de la Charnaye* donne à regretter que, trop peu confiant en ses forces, il n'ait pas accordé plus de développements à ses récits; alors, nous aurions eu mieux qu'un romancier de chevalet. N'a-t-il pas voulu ou n'a-t-il pas pu? Son ambition était-elle uniquement de se créer une place isolée dans un genre où il avait l'espoir de devenir maître? S'il en fut ainsi, on ne lui refusera pas d'avoir atteint en partie son but; car de son vivant il fut le plus habile écrivain de nouvelles, à côté de Gozlan, & c'eſt pourquoi sans doute il ne crut pas devoir être ingrat envers une *spécialité* à laquelle il devait sa fortune littéraire.

Cette période, la plus décisive pour son talent, & employée en outre aux réflexions les plus salutaires, aux retours les plus graves (il s'était mis à la lecture de MM. de Bonald & de Maiſtre), peut être regardée comme la plus heureuse de sa vie. Il gagnait son pain avec sa plume, il se sentait dans une excellente voie morale, il était jeune. Bien qu'il n'eût pas trente ans, il se sentait déjà fatigué de la vie au jour le jour. On le conduisit dans la maison d'un chef de bureau au miniftère de la guerre; il plut; on le savait spirituel, on le maria. Ces choses se passaient en avril 1842.

Édouard Ourliac vit s'accroître son talent dans les deux années qui suivirent son mariage. Tout en cédant encore, par intervalles, aux sollicitations des directeurs de journaux qui lui demandaient, comme à M. Galland, quelques-uns de ces contes légers qu'il contait si bien, il accorda une part plus large à la veine de sensibilité qu'il s'était ouverte. *Brigitte* & *les Garnaches*, deux œuvres étendues & dont nous parlerons plus tard, sont de cette époque.

On doit attribuer à cette recrudescence de travail le rapide développement d'une maladie des bronches qui se manifefta chez Édouard Ourliac. Cette maladie inspira de graves inquiétudes à ses amis.

Le mal d'Édouard Ourliac empirait de jour en jour. Il chercha un refuge dans la pratique de la religion catholique; ce fut un nouveau sujet d'étonnement; il laissa s'étonner, & toussant, crachant, amaigri, pâli, il prit le chemin qui monte à la rue des Poftes, chez les Pères Jésuites. Là on le consola comme on put. Sur ces entrefaites, l'*Univers* lui fit des propositions de collaboration qu'il accepta. On le vit alors publiquement & courageusement brûler ce qu'il avait adoré, & relever l'étendard des doctrines du dix-septième siècle. Il ne faudrait pas croire cependant qu'une fois acquis au catholicisme militant, il abdiquât ce que nous appellerons les côtés agressifs de son talent. Au contraire, il retira de cette volte-face une verve nouvelle, qu'il mit au service d'une guerre à outrance contre son ancien parti. Nous devons à la vérité de déclarer qu'il ne put s'y défendre d'une pointe de fanatisme; ses premières adorations pour Boileau reparurent, plus exclusives que jamais. D'un autre côté, il épousait ses nouvelles amitiés avec trop de similitude dans la façon d'écrire; il prenait la brutalité pour la vigueur. Heureusement pour lui, il ne continua pas la revue littéraire & dramatique qu'il avait commencée dans l'*Univers*; il revint à ses nouvelles, qu'il inclina dorénavant dans le sens de sa conversion, sans rien leur faire perdre pour cela de leur essence incorrigiblement comique. Ce fut pour le coup qu'il « retourna l'ironie de *Candide* contre la philosophie de Voltaire, » mot de Balzac, qui définit Ourliac.

Pour mieux travailler, un matin, il fit un petit paquet & s'en alla habiter une maisonnette dans la Touraine. Il a daté de là plusieurs lettres charmantes ; quelques-unes d'entre elles trahissent d'involontaires retours vers la vie mondaine :

« Je suis entouré de belles choses à quatre ou cinq lieues de diſtance. J'ai visité avant-hier le château d'Azay, sur l'Indre. La vallée d'Azay eſt celle du *Lys dans la vallée*. Les habitants sont furieux contre l'auteur qui a trouvé leurs femmes laides. C'eſt une belle chose que Paris, mais je n'en persiſte pas moins à croire que nous ferions bien, sur le retour, de nous en venir par ici planter nos choux avec quatre ou cinq amis sensés. La nourriture saine, le bon vin, le repos, les jardins, le loisir ont bien leur mérite. *J'ajouterai qu'il y a ici de certains vins qui valent le champagne.* »

Cette lettre était adressée à un ami mondain. En voici une autre de la même époque à un ami religieux ; l'esprit en eſt le même, il n'y a que le ton de changé — & le vin de supprimé.

« O mon cher ami ! que nous pourrions vivre doucement quelque jour en pareil endroit & ensemble. Il ne me manque qu'un ami comme vous. C'eſt la pensée de Dieu qui console & détache de tout, & nulle part elle ne peut être plus présente. J'ai trouvé quelques livres, *de ceux que vous n'aimez guère ; mais ils me servent.* Je suis ramené aux pieds du bon Dieu par Jean-Jacques & le *Vicaire savoyard*... »

Nous nous imaginons qu'à cet endroit l'ami religieux a dû légèrement froncer le sourcil. Ourliac continue :

« J'ai vu une petite annonce des *Contes*. Sachez si le libraire eſt content ; mandez-moi aussi le peu que vous pourrez voir dans les journaux. J'attends surtout votre article... Je m'excuse de vous paraître si âpre à cette littérature. C'eſt mon gagne-pain, & que sais-je encore toutes les bonnes raisons que pourrait me souffler la vanité de mon métier misérable & tant aimé ! Il faut la mettre un peu en dehors, de peur qu'elle ne nous dévore en dedans. Laissez-moi donc être un peu ridicule. Je ne le suis aux yeux de personne autant qu'aux miens propres. Je ne me lasse point d'admirer ceci : on écrit une misère qui n'eſt rien, qui ne vaut rien, on n'en eſt pas content, on le dit, on le pense, mais l'on s'en inquiète, & l'on veut qu'elle soit approuvée, comme si le public était obligé d'être plus sot que vous. J'ai beau gratter la plaie, je doute qu'on la guérisse... »

C'eſt bien dit, c'eſt simple, c'eſt touchant. Il parlait de ses *Contes du Bocage,* qui venaient alors de paraître. Ce livre força en quelque sorte le succès par les sentiments élevés qui y dominent. Il le fit suivre de *Nouvelles diverses;* mais ce recueil qui, par sa forme enjouée, s'adressait plus directement à la foule, n'y arriva cependant point. Personne n'en parla dans la presse ;

il prit son parti de cette petite vengeance & s'arrangea pour que son exiſtence littéraire n'en souffrît pas trop. Malgré ses douleurs de toute espèce, malgré la mort de sa mère, sa meilleure amie & la confidente de tous ses chagrins, — bon cœur de femme du peuple, esprit clairvoyant & droit, — il redoubla d'activité & fournit de toutes mains aux journaux. Il fut héroïque à ce moment-là, & l'on a pu dire de lui avec juſteſſe : « Il travaillait avec ardeur, plus encore pour se diſtraire que pour subvenir aux nécessités assez lourdes de sa vie; plus encore pour se plaindre que pour se diſtraire; plus encore pour produire & pour obéir à l'impétueux inſtinct de sa vocation, que pour se plaindre. »

Les médecins ne savaient trop où l'envoyer. De Tours il alla au Mans; toute ville lui convenait, pourvu que ce ne fût pas Paris. Au fait, l'auteur des *Naẕarille* devait aller au Mans, la ville de Ragotin, de la Rancune, de mademoiselle de l'Étoile, de tous ces types, amis & parents des siens. Mais qu'il était loin du *Roman comique* à l'heure où nous parlons !

« Me voilà établi, comme un vieux de province, dans un grand fauteuil, derrière un carreau tranquille. Je bois trois pintes de lait par jour; j'habite une rue où il n'eſt passé depuis ce matin qu'un homme en paletot bleu, qui semblait s'être trompé de route. Je demeure chez un professeur de l'Université, M. P., qui professe la quatrième au collége ; mais *nous nous sommes montré nos chapelets*, &, le soir, j'entendais les petits enfants qui récitaient en cadence : *Mn, mn, mn, Ora pro nobis ; mn, mn, mn, mn, Ora pro nobis*, etc.; je me suis endormi là-dessus. »

Toute cette lettre eſt des plus singulières, elle peint à la fois l'état de son âme & l'état de son esprit ; il y parle d'épreuves à renvoyer à M. Hetzel & à la *Revue de Paris ;* il a dîné avec l'évêque, un aimable & admirable homme, dit-il, qui l'a conſtamment appelé d'Ourillac ou d'Houriaque. Puis, le vieux caractère reprend le dessus, & voici les farces qui arrivent : il annonce qu'on va éclairer la campagne aux bougies, *spécialité du Mans*. Et finalement : « En somme, je ne vais pas mieux ; je ne souffre point, ma poitrine eſt bonne, nulle oppression ; mais je tousse, je crache, je suis faible ; rien n'y fait. »

Une autre fois (on comprendra que nous le laissions raconter lui-même ses années d'adieu) il écrivait à M. Louis Veuillot, toujours de la ville du Mans :

« Je voudrais pouvoir vous dire que je vais mieux, je voudrais le croire, je le dis souvent ; mais je voudrais que ce mieux finît, car il m'aſſomme ; mes crachements & mes enrouements ne me lâchent pas. Dix paroles détraquent mon appareil... Savez-vous que je suis tout voisin des Visitandines ? Ces bonnes sœurs m'ont accablé de prévenances & de confitures. Elle ont un sirop pectoral infaillible qu'on finira par me faire prendre, quoique je ne croie à aucun sirop, à aucune eau, à aucune tisane, mais seulement au bon régime & à la grâce de Dieu... Que vous dirai-je encore de ce benoît pays ? que j'y prends la mesure d'une retraite, sinon d'une bière. »

De ville en ville, il se traîna de la sorte jusqu'en Italie ; il passa l'hiver de 1846 à Pise, mais il était condamné, il le savait, & il s'en revint. Dans les rues de Paris, on vit alors passer l'ombre d'Édouard Ourliac : un corps fiévreux, une voix éteinte. Quoique marié, il ne vivait plus qu'avec son père, un vieillard de soixante-dix ans ; pour le faire vivre, il accepta une petite place dans les bureaux de la marine, car il commençait à manquer de force pour le métier littéraire. Il s'était limité à deux feuilletons par mois. Miséricorde ! nous avons à peine le courage de continuer. Dans ce bureau de la marine, Édouard Ourliac restait quelquefois des heures entières sans pouvoir lever le bras. Il employa sa dernière énergie à réconcilier son père avec Dieu ; grâce à ses exhortations, le vieillard, quelques jours avant sa mort, fit sa première communion. Alors, dégagé de tous devoirs envers les autres hommes, Ourliac alla demander un refuge à la maison des frères de Saint-Jean-de-Dieu, rue Plumet, où il expira saintement le 31 juillet 1848.

Chacune des phases de la vie d'Édouard Ourliac a son reflet dans sa littérature. En cela, il possède un mérite de sincérité qui fait sa force principale. Nous ne reviendrons pas sur ses diverses aptitudes : nous les avons indiquées, sinon appréciées, à leur moment & dans leurs manifeſtations les plus importantes; nous préférons aller tout de suite & tout droit vers le point où paraît se déterminer sa supériorité réelle. Ce point, c'eſt l'étude de la vie intime en province. Là, ce qu'on a pu quelquefois reprocher d'étroit à son esprit s'ajuſte & demeure harmonieusement encadré. Il a le caquet du faubourg, la connaissance des petites choses bourgeoises, la malice du clerc, & mieux qu'ailleurs cette espèce de comique qui s'attache à des personnes véritablement à plaindre, ou qui ressort d'événements fâcheux. Dans cette série, *les Garnaches* tiennent, à notre avis, la place d'honneur; le héros eſt ce même Nazarille, dans lequel Édouard Ourliac nous semble s'être personnifié bien plus visiblement que dans La Reynie. Il y a là des figures allongées, d'antiques maisons, de grandes armoires, des parties de campagne, des sérénades, qui sont décrites d'une souveraine façon. *Brigitte*, avec plus de sensibilité & de vraie morale, appartient au même fyftème ; mais le relief y eft moins puissant & le début a de la lenteur. Dans le volume des *Nouvelles diverses*, nous signalerons *l'Ingénieux Thibault*, chef-d'œuvre de cinquante pages.

On nous accuserait d'injuftice si nous allions oublier, entre tant de productions, la *Physiologie de l'écolier*, le plus petit de ses livres & le plus grand de ses succès peut-être, du moins le plus unanime (1). Nous sommes convaincu qu'un libraire ne perdrait ni sa peine ni son argent à le réimprimer. Nous croyons également qu'il y aurait les éléments d'un succès en rassemblant les épisodes de l'odyssée de Nazarille, éparpillée dans la *Revue de Paris* & dans l'*Artifte*. Ce Nazarille ne marche jamais sans un acolyte fort amusant, aussi lui, nommé Pelloquin. C'eft encore un des traits

---

(1) C'était la mode des physiologies, en 1841. Nous relevons sur le *Journal de l'imprimerie & de la librairie*, à cette date, les physiologies : — du Rat d'église, du Prédeftiné, du Franc-Maçon, du Chicard, du Prêtre, du Séducteur, du Macaire des Macaires, du Bas-Bleu, du Troupier, du Député, du Débardeur, de la Femme la plus malheureuse du monde, du Poëte, du Chasseur, du Bourgeois, du Provincial, du Célibataire, de la Grisette, etc.; — du Gant, du Parapluie, de l'Argent, du Soleil, du Parterre, du Jour de l'an, du Recensement, des Champs Élysées, etc. — O folie !

caractériftiques d'Édouard Ourliac que cette préoccupation du grotesque dans les noms : de là les personnages de Lafrimbolle, de Paillenlœil, de Croquoie, de Parpignolle, de Laflèche, de Montgazon, de Ledrôle, etc., etc. Une des aventures de Nazarille a pour titre : *le Souverain de Kazakaba;* elle fut, lors de son apparition, l'objet de critiques assez dures, car elle agitait à la fois des queftions philosophiques, politiques & religieuses. On y voit Nazarille débarquant sur une terre sauvage, & proclamé roi par les naturels sous le nom de Las-Sou-Po-Chou. Des parallèles entre l'état de nature & l'extrême civilisation découlent de ce thème, joyeusement abordé. Les réclamations furent telles que, dans la dernière livraison du *Souverain de Kazakaba*, Édouard Ourliac se crut obligé d'ouvrir une parenthèse au milieu de son récit :

« Je vous entends, baudets soucieux. — Quoi ! c'eft lui qui écrit cela ! peccaïré ! Il a tant d'esprit d'ordinaire. Combien c'eft regrettable, j'en suis tout contrifté; hi han ! hi han ! — Encore un coup, merci ! Mais quoi, mes frères, quand des milliers de faquins inondent la France de leurs inepties; quand les cochers ivres ne daignent plus charbonner les murs, puisqu'ils ont sous la main le papier des gazettes; quand nous voyons en plein soleil les trésors de génie, d'esprit & d'invention, que l'affreux despotisme tenait jadis sous clef; quand la sottise humaine a rompu ses écluses & déborde majeftueusement sur le monde, je ne pourrai point, moi chétif, vider en un coin mon petit pot noir! Votre égout, dites-moi, en sentira-t-il plus mauvais? etc., etc. »

Quoi qu'il en soit, nous sommes forcé de convenir que *le Souverain de Kazakaba* n'eft pas une des œuvres d'Ourliac qui nous plaisent le plus; le paftiche y déborde à toutes les pages : paftiches de Cervantes, paftiche de Swift & de Foë; la gouaillerie y eft poussée jusqu'à une gaminerie souvent intolérable.

Le Collier de sequins eft une de ses bonnes hiftoires; il y a encore un peu de La Reynie dans son personnage de Loisel, jeune homme fantasque & pauvre, issu d'une honnête famille du Roussillon, spirituel, mais facile à entraîner, sans exactitude, rêveur, & ne s'obftinant qu'à des riens. Loisel fait le diable à quatre pour offrir à celle qu'il aime un collier de sequins, tel qu'elle en a vu un sur les épaules d'une demoiselle du monde; &, à bout de moyens, il finit par le voler.

Nous sommes plus sévère que M. de Balzac, lorsqu'il affirme que la prose d'Ourliac eft suffisante. Nous la trouvons, nous, négligée à l'excès, ne tenant aucun compte des répétitions de mots; & cela nous étonne d'autant plus, qu'il ne laissait passer aucune occasion d'afficher ses sympathies pour les littérateurs du dix-septième siècle, pour Racine, pour La Bruyère, pour Fénelon. Ce n'était pas cependant de la sorte qu'écrivaient ces maîtres du ſtyle français : la correction, le scrupule & le perpétuel souci de l'éloquence, voilà ce qui frappe d'abord dans leurs ouvrages; d'où vient que cela n'a pas frappé Édouard Ourliac? Nous savons bien que, par son affectation de simplicité, il a voulu réagir contre les adorateurs exclusifs de la forme; mais, à son tour, il a été excessif, comme la plupart des réactionnaires, & il a franchi l'espace qui sépare la simplicité de l'insouciance absolue. Quelquefois il eſt réellement trop bonhomme dans son ſtyle; passe encore quand il place un récit dans la bouche d'une personne du peuple; mais quand c'eſt lui-même qui raconte, il perd beaucoup de cette autorité que doit toujours garder un narrateur. Telle eſt pourtant la force du fait & du sentiment, que ses nouvelles, bien que dépourvues de cette fleur de littérature qui eſt depuis plusieurs siècles notre genre de supériorité, se lisent avec un intérêt soutenu.

Sous ce rapport, il serait possible de le considérer comme le précurseur de l'école de la réalité, qui cherche à s'imposer depuis quelque temps.

A l'inftar des écrivains réaliftes, Ourliac réduit la description aux proportions les plus ftrictes & les plus naïves; il supprime presque le portrait ou il l'enchâsse au milieu d'un incident, & ce lui eft affaire d'une ligne ou deux.

Ce n'eft que dans le paftiche que son ftyle acquiert de la preftesse & de la lumière; prenons pour modèle le début d'*Aurore & Point-du-Jour, légende de corps-de-garde* :

« Le régiment du roi était alors en garnison à Nancy, en Lorraine, la plus jolie ville de France, alignée comme un bataillon sous les armes, de bon séjour & d'agréable vie au soldat, sinon que le vin y eft un peu cher. Et, de même que les grenadiers de ce régiment l'emportaient sur toute l'armée, le plus fier, le plus beau, le plus glorieux de ces grenadiers était Desœillets, dit *l'Aurore*, grand garçon du Languedoc, tenant bien du cru, hardi comme un page, brave comme un sabre, menteur comme un arracheur de dents, bel esprit, dansant bien, jouant du fifre, prévôt d'armes, tirant l'espadon, la pointe, la contre-pointe, faisant des contes à tenir un corps-de-garde éveillé toute la nuit, & en état de chanter chansons, marches, romances & complaintes d'ici à demain, sans chanter la même. »

Nous ne croyons pas qu'il soit possible de tirer un enseignement quelconque de l'exiftence & de l'œuvre d'Édouard Ourliac. Où le malheur passe, si précoce & si brutal, l'analyse perd là moitié de ses droits. On ne commence guère à savoir vivre & à savoir penser qu'à l'âge où il eſt mort. La morale & la critique seraient donc mal venues à s'armer de rigueurs élevées vis-à-vis de lui. Quelle logique demander à une carrière sitôt brisée? Fallait-il voir dans les amertumes & dans les souffrances de ses derniers jours l'expiation d'une jeunesse qui avait éveillé autour d'elle tant d'éclats de rire? nous ne le croyons pas. Fallait-il rattacher au charmant & délicat faisceau de ses nouvelles un corps de doctrines antiphilosophiques, & ériger en système ce qui ne fut chez lui que boutade passagère? ce n'en était guère la peine. Son aimable frivolité sur ce terrain nous a souvent rendu la tâche facile, & nous a permis d'éviter ces hautes & graves queſtions pour lesquelles nous ne nous sentons nous-même ni assez mûr ni assez préparé.

Le seul but que nous nous sommes proposé en commençant, & que nous nous eſtimerions heureux d'avoir atteint, c'eſt de ramener un inſtant l'attention du public vers les œuvres d'un jeune homme à qui sa trop courte exiſtence n'a permis d'avoir que du talent, du bon sens, de la passion & de l'esprit.

ANTÉNOR JOLY

ANTÉNOR JOLY

Je connus Anténor Joly dans les bureaux du journal *l'Époque,* où il était directeur du feuilleton. C'était alors un homme entre quarante-six & quarante-sept ans, brun, grand, sec, & sourd comme un pot. Il portait toujours sur lui une foule de crayons taillés & de petits carrés de papier blanc, à l'aide desquels il vous invitait à lui transmettre votre pensée par les procédés de Cadmus. Me voyant jeune & résolu, il me prit en affection; &, grâce à lui, je fis mes premières armes dans les colonnes du plus grand journal dont Paris ait gardé la mémoire.

Parmi tous les petits-fils de Beaumarchais, de qui la descendance est si nombreuse, Anténor

Joly eft un de ceux dont la physionomie mérite le mieux d'être conservée. Dans cette bataille de la vie, où il fut jeté presque nu, il se battit à toutes armes, à toutes heures, perpétuellement. Moi, qui n'ai pu assifter qu'au spectacle de sa décadence, j'en ai gardé une impression inouïe & qui souvent me décourage.

Trois jours ne s'étaient pas écoulés depuis ma première visite, qu'il m'écrivait déjà pour me demander le plan d'un roman en deux volumes, & quelques menus articles d'hiftoire, de religion & d'actualité pour le *Livre des familles, journal de M. le Curé* (sic). Mon plan fait, il crut y voir une pièce de théâtre. Il alla trouver tour à tour Mélesville, Gabriel, Carmouche & Eugène Guinot, avec qui il avait collaboré autrefois dans un vaudeville intitulé *Suzanne,* — un rôle de muette pour mademoiselle Déjazet! Pendant ce temps, l'*Époque* tomba avec fracas. L'*Époque* était la création suprême d'Anténor Joly; pour l'*Époque,* il avait inventé des affiches dont la teneur eft devenue proverbiale, des banquets auxquels les actionnaires n'avaient pas le droit d'assifter, des porteurs habillés comme des miniftres; pour l'*Époque,* il avait ressuscité Grimm & découvert un journalifte qui s'appelait *Demain;* pour l'*Époque,* il avait fait le voyage de Londres & il en avait ramené, à force d'explorations, de génie & d'argent, une incomparable créature qu'il plaça un beau jour, diadème en tête & la gorge découverte, sur un char doré qui parcourut les boulevards, traîné par des cavaliers habillés de rouge flamboyant.

L'*Époque* tomba. Anténor Joly fut trifte pendant trois jours; le quatrième, il était chez moi, ses crayons & ses papiers à la main. Je demeurais alors sur la place du Carrousel. « — Mon cher ami, me dit-il, il n'y a plus rien à faire en littérature. Prenez-en votre parti! Vous êtes venu trop tard. Ah! si je vous avais connu du temps de *Vert-Vert,* que j'ai fondé, ou du *Moniteur du soir,* ou du *Courrier Français,* votre affaire serait faite maintenant. Aujourd'hui ne comptez plus sur rien; toutes les positions sont prises; & puis, qu'eft-ce que vous vous sentez dans le ventre, là, bien franchement? Que diable! vous ne ferez jamais mieux en roman que Balzac & Eugène Sue, en critique que Sainte-Beuve & Guftave Planche, en poésie que Lamartine & Victor Hugo. Laissez-là votre littérature. Il n'y a plus que l'induftrie aujourd'hui. Vive l'induftrie! »

Pendant une demi-heure, il me parla ainsi de l'induftrie sur tous les tons. Je l'écoutais en faisant la grimace, & très-intrigué de savoir où il voulait en venir. Enfin, il termina en m'invitant à me lever & à le suivre, & il m'emmena au Jardin d'Hiver, dont il organisait la publicité. Ce fut là que, placé sous ses ordres, j'appris à tourner de cent mille façons la fameuse phrase : « Tout Paris voudra se trouver demain à la brillante fête du Jardin d'Hiver. » Anténor Joly se brisait la tête à trouver de nouveaux caractères d'affiche. Sur ces entrefaites, la révolution de février éclata : je vis mettre le feu aux poſtes des Champs-Élysées. Anténor arriva, pavoisé de rubans rouges ; il était radieux, la République allait le sauver. En effet, il organisa coup sur coup des fêtes à l'armée, au peuple, à la garde nationale, aux écoles ; il fit réciter par l'acteur Montdidier des ſtrophes de Victor Hugo & composer par Félicien David une cantate intitulée : *Honneur au brave qui succombe !*

L'été suivant, il passa au Château des Fleurs. Je le suivis. Le Château des Fleurs venait d'être fondé par M. Bohain. Anténor Joly y inſtalla des chanteurs, des marionnettes, des montagnes russes, des singes, des pâtissiers, des escarpolettes, des danseurs de corde, des artificiers, & jusqu'à des fleurs. Moi, j'étais, comme au Jardin d'Hiver, l'hiſtoriographe, le bibliothécaire, l'archiviſte : toutes ces merveilles se transformaient sous ma plume en feuilletons enthousiaſtes que le *Conſtitutionnel* insérait, & en réclames incandescentes qu'Anténor Joly envoyait à tous les journaux.

Le Château des Fleurs s'écroula comme un simple château de cartes. Je retrouvai Anténor Joly, quelque temps après, à l'*Événement,* où j'avais été appelé. Il y faisait tout, il imprimait même quelquefois le journal, car il avait commencé par être typographe. Le soir il soupait avec Méry; & je n'ai jamais compris la fréquence des relations de ces deux hommes, car enfin quel bénéfice ce dernier pouvait-il retirer de sa conversation avec un sourd ?

J'ai oublié de dire que, le lendemain des journées de juin, Anténor m'avait demandé en toute hâte un récit de l'insurrection. Je pris immédiatement un cabriolet : je fis le tour des barrières, je comptai les barricades, & je passai la nuit à écrire mon résumé, qui parut trois jours après, avec un plan gravé sur bois. On n'en trouverait pas aujourd'hui un seul exemplaire. Anténor me renvoya pour le payement à M. Bohain, qui me renvoya à un marchand de vin du coin de la rue Trévise, lequel me paya très-gracieusement. Je raconte tout cela un peu à la diable & comme cela me vient, uniquement pour initier le lecteur bourgeois à l'une de ces existences parisiennes qui touchent à tout & qui vivent de tout.

Anténor Joly ne perdait pas de vue le théâtre. En même temps qu'il mettait à flot l'*Événement,* il passait avec le directeur des Variétés un traité pour une revue qui devait s'appeler le *Journal du Diable.* Nous étions cinq ou six pour écrire cette revue : Charles Hugo avait composé le prologue en vers ; Henry Monnier & Champfleury faisaient un *Prudhomme socialiste;* la Californie & les banquets à cinq sous m'étaient échus. Tout cela tomba dans l'eau comme tant d'autres choses. Anténor Joly cria, tempêta, accusa notre paresse, accusa le directeur & tout le monde.

Il occupait aux Italiens je ne sais quel vague emploi qu'il a toujours conservé. J'allais l'y trouver quelquefois aux heures des répétitions. Un jour que je le croyais absorbé par des choses d'art & de littérature, il me dit : « Venez chez moi, je veux vous montrer un prodige. » C'était une *casse* d'imprimerie qu'il avait inventée, une casse magique, où les lettres, symétriquement alignées, tombaient d'elles-mêmes dans le *composteur,* sans qu'il fût besoin de les aller chercher avec les doigts. Malgré cet incontestable mérite de propreté, personne ne voulut de son invention, qui lui avait coûté beaucoup de temps, beaucoup de peine, & sur laquelle il avait placé de grands espoirs (1). Il s'en consolait en imprimant tout seul des prospectus, des spécimens, des programmes ; car c'était là sa manie suprême. *Lancer une affaire!* il ne vivait que pour cela ; aussi, que d'affaires il a lancées : affaire de la Renaissance, affaire du troisième Théâtre-Lyrique, affaire des *Mystères de Londres,* affaires de librairie ! Mais, hélas ! il ne faisait que les lancer, & d'autres s'en emparaient au bond lorsqu'elles ne tombaient pas par terre.

Lorsque l'*Ordre* se fonda, il fut chargé de composer la rédaction littéraire. Ses tristesses commençaient déjà, mais elles ne ralentissaient pas son ardeur pour la lutte. Il me dit : « Amenez-moi de vos amis ; il faut des écrivains nouveaux maintenant ; on ne s'enquiert plus des signatures. Je lui amenai Henri Mürger, André Thomas, Philippe de Chennevières, Angelo de Sorr, Théodore de Banville, etc. Le front de M. Chambolle se plissa lorsqu'il vit s'épanouir tous ces noms dans les graves colonnes de l'*Ordre.* Par contre-coup, lorsque je rencontrai Anténor, il était soucieux. « — Vous ne m'aviez pas dit que vos amis étaient tous des bohèmes ! »

(1) M. Delcambre, imprimeur à Paris, a repris cette idée en sous-œuvre ; & aujourd'hui le *piano typographique,* entrevu par Anténor, est plus qu'une vérité, c'est une réalité fonctionnante.

Je me pris à rire d'abord, & puis ensuite je me fâchai pour tout de bon. Les papiers furent tirés : je griffonnai pendant une demi-heure; j'expliquai ce que c'eſt que les bohèmes, & pourquoi les romantiques ont voulu traîtreusement affubler de ce nom les hommes plus jeunes qu'eux; je lui prouvai que nous portions les cheveux aussi courts que possible, que nous n'avions que très-peu de dettes, que d'ordinaire nous étions couchés à minuit, & que nous faisions, sinon la gloire, du moins le bonheur de nos parents. Ce jour-là, j'eus trois crayons de tués sous moi. Anténor Joly parut se rendre à mes raisons ; il les communiqua à M. Chambolle, d'après ce que j'ai su depuis, & le front de M. Chambolle recouvra sa sérénité accoutumée.

Anténor Joly demeurait rue des Martyrs, 47, dans cette vaſte maison qui ressemble à une cité phalanſtérienne. J'allais l'y voir au moins une fois par semaine. J'entends encore sa voix criarde & haute, me répétant: « — Vous n'arriverez à rien! vous ne travaillez pas assez ! Les gens qui arrivent sont ceux qui se lèvent à cinq heures du matin, qui écrivent jusqu'à midi, & qui emploient le reſte de leur journée à assiéger les bureaux de journaux & les bureaux de théâtres. Que venez-vous me dire ? que vous n'êtes pas *en train* & que vous attendez l'inspiration. Des sottises ! il faut prendre votre parti des coutumes de notre temps, ou vous résoudre à laisser aux autres votre part de gâteau. Vous êtes de drôles de corps, vous & vos amis : vous critiquez tout le monde, & vous n'accouchez pas seulement d'un pauvre petit roman en huit volumes. Ensuite, vous voulez que *je vous lance !* Mais voyez donc les *vieux,* ceux qui ont leur réputation bien établie : ils travaillent du matin au soir, ils font un métier de forçat ; & vous, qui devriez lutter avec eux d'énergie et d'activité, vous vous croisez les bras tranquillement, vous les regardez faire ; ou bien, si, par un miraculeux effort de volonté, vous vous décidez à prendre la plume, c'eſt pour cracher une nouvelle en quatre feuilletons. Belle misère ! je vous dis que vous n'arriverez jamais ! »

Il entra au *Pays,* avec M. de Lamartine. Auparavant, il avait passé par l'*Union* & par l'*Assemblée nationale,* où M. Mallac lui était intimement connu. Au *Pays,* il rencontra des influences qui le gênèrent ; son caractère en prit de l'aigreur : il ploya, lui, toujours habitué à rompre ; & dès cette époque, il eut le pressentiment des cataſtrophes qui devaient l'assaillir.

Le 7 février 1852, je reçus cette lettre : « Mon cher ami, je vous écrivais mercredi dernier, en attendant chez mon docteur. Une heure après, je me cassais la jambe dans son escalier ! Je suis entre les mains des praticiens & entre les serres des appareils chirurgicaux. Plaignez-moi, & venez me voir quand vous aurez un moment. Mieux vaut mardi ou mercredi, je serai plus dispos pour causer. Ne faites pas de cérémonies, je sais toute la part que vous prendrez à mon accident; je sais combien vous êtes occupé, & je voudrais que vous en eussiez fini avec... pour passer à autre chose. Mes amitiés. ANTÉNOR. » Ainsi, la jambe brisée & le corps entre les mains des chirurgiens, c'était à de nouvelles combinaisons qu'il songeait ! Rien que la mort pouvait abattre cet homme ; elle l'abattit trop tôt,—avant qu'il eût réalisé la millième partie de ses rêves.

Il guérit de sa jambe cependant. La convalescence fut longue ; mais à partir de ce moment, il n'alla plus guère que cahin-caha. Au dernier déjeuner que nous fîmes chez Vachette, il se trouva mal, & je fus obligé de le ramener chez lui en voiture. Quelques mois après, il tombait dans sa chambre, frappé d'un coup de sang. Anténor Joly était né à Savone, en Italie, à la suite des armées françaises, où son père occupait, je crois, un emploi dans le département des fourrages. Il ne comptait que cinquante-trois ans lorsque la mort vint le surprendre.

Pour peu qu'Anténor Joly conservât toutes les lettres qu'il recevait, son frère, à qui la collection en est échue, y a dû trouver les vrais mémoires littéraires & secrets de notre temps; car il n'y a pas dans Paris un homme important ou simplement intelligent avec qui il n'ait échangé quelques lignes. C'était le véritable *faiseur,* celui-là, & c'était surtout un faiseur d'hommes. J'ignore quels ont été ses procédés avec mes confrères; avec moi, ils ont toujours été loyaux & charmants. Peut-être était-il un peu brusque : cela provenait de sa surdité.

GÉRARD DE NERVAL

GÉRARD DE NERVAL

I

Je suis heureux que ce livre me fournisse l'occasion de rassembler quelques notes sur un homme dont j'aimais le cœur autant que le talent, & à côté de qui j'ai vécu pendant une huitaine d'années, rapprochés par une certaine conformité d'humeur & quelquefois aussi par les mêmes études. Jusqu'à présent, mû par un sentiment de douloureuse discrétion, j'avais fait taire mes souvenirs; aujourd'hui il m'eſt permis de les évoquer, de les grouper. Les cendres sont refroidies, la psychologie réclame ses droits.

C'eſt en 1846, dans les bureaux de *l'Artiſte*, que je connus Gérard de Nerval. Il y avait quelques mois seulement que je venais d'arriver à

Paris. Ce nom élégant, ces œuvres délicates, cette folie même dont le feuilleton de Janin m'avait apporté l'écho jusqu'au fond de la province, tout cela m'annonçait quelque jeune cavalier myftérieux & pâle. Il me fallut rabattre un peu de mon idéal, ou du moins le modifier. Gérard de Nerval, modefte jusqu'à l'humilité, vêtu d'une redingote longue & à petits boutons, la vue basse, les cheveux rares, me rappelait assez les professeurs des colléges départementaux. Plus tard seulement je me rendis compte de ce mélange de finesse & de bonté qui était le caractère dominant de sa physionomie, & qui était aussi le caractère de son talent. Jeune homme, il avait été charmant, me dit-on; ses cheveux blonds bouclaient.

Avec ce respect traditionnel des débutants pour les célébrités & même pour les demi-célébrités, j'étudiai pendant quelque temps Gérard de Nerval sans oser lui adresser la parole. Enfin un jour, sa timidité enhardissant la mienne, — il n'y avait que nous deux dans le salon du journal, — j'eus l'audace de l'inviter à dîner. Nous allâmes au reftaurant. Je ne me lassai pas de l'entendre; il aimait à causer, mais à ses heures & à ses aises; un peu prolixe, amoureux des détails infinitésimaux, il avait dans la voix une lenteur & un chant auxquels on se laissait agréablement accoutumer.

Après le dîner, — qui avait été très-ordinaire, — Gérard me prit sous le bras, & je commençai avec lui, dans Paris, une de ces promenades qu'il affectionnait tant. Il me fit faire une lieue pour aller boire de la bière sous une tonnelle de la barrière du Trône, m'affirmant *que ce n'était que là* qu'on en buvait de bonne. Elle était servie dans des cruchons particuliers & apportée par deux demoiselles dont les cheveux abondants & roux faisaient l'admiration de Gérard de Nerval. Admiration toute paisible & extatique. — En revenant, il voulut que nous abrégeassions le chemin par une station au *Petit Pot de la Porte Saint-Martin*, où l'on prend des raisins de Malaga confits dans le sucre & l'alcool. Il mettait un amour-propre enfantin & une ardeur très-grande à la recherche de ces spécialités parisiennes; il savait où l'on débite la meilleure eau-de-vie de Dantzick, où l'on vend au verre la blanquette de Limoux. Cet épicier qui est à côté de la Comédie-Française, au coin de la rue Montpensier, tient toujours chaud un excellent punch au thé. On ne peut savourer de délicieux chocolat qu'au carreau des halles, à deux heures du matin, dans un café où dorment des maraîchers & des paysannes encapuchonnées.— Ainsi me disait Gérard de Nerval.

Ce n'était cependant pas un buveur, surtout dans l'acception brutale du mot. Il entrait beaucoup plus de littérature que d'autre chose dans cet amour du cabaret & des mœurs de la rue. C'était l'influence d'Hoffmann, le ressouvenir des Porcherons, la lecture de Rétif de la Bretonne. Comme tous les promoteurs de la Renaissance de 1830, Gérard de Nerval voyait avec les yeux des peintres; il aimait les intérieurs populaires pour leurs couleurs étranges & leur énergique harmonie. C'était Jean Steen.

En ce temps-là, Gérard de Nerval travaillait beaucoup. Il revenait d'Orient, il écrivait son voyage; il rendait compte des premières représentations dans *l'Artifte*, & parfois il remplaçait Théophile Gautier à *la Presse*. Je me souviens d'un très-joli & très-savant feuilleton, signé de lui, sur les Indiens O-jib-be-was, & dans lequel il développait le syftème de Joseph de Maiftre, qui veut que les sauvages ne soient nullement des hommes primitifs, mais au contraire les représentants d'une civilisation dégradée & abolie. C'étaient de telles queftions qui séduisaient Gérard de Nerval.

Je puis affirmer qu'il était alors parfaitement sain d'esprit, heureux de vivre & d'exercer sa profession, qu'il aimait par-dessus tout. C'eft à cette époque, M. de Rémusat étant au ministère, qu'il fut queſtion de lui pour la croix d'honneur. Gérard n'y avait jamais pensé, il fut embarrassé & demanda à réfléchir ; il se dit que le ruban allait l'entraîner dans des frais de costume, l'obliger à reſtreindre ses pérégrinations nocturnes. Je crois aussi qu'il se regardait un peu comme républicain. L'affaire en reſta là.

La Révolution de 1848 ne le surprit pas, mais elle le trouva sans argent. Au mois de juillet, Alphonse Karr fonda *le Journal;* il y appela Gérard de Nerval, qui fut inveſti des fonctions de secrétaire de la rédaction. Le *Journal* se vendait un sou ; il ne dura guère. — Gérard se retourna vers le théâtre ; il signa du pseudonyme de *Bosquillon* une parade représentée à l'Odéon, *la Nuit blanche.* C'était un tableau de la cour de l'empereur Soulouque ; on y voyait paraître un Basile tout blanc. Longtemps retardée par des obſtacles de plusieurs natures, & défendue après quelques représentations, *la Nuit blanche* n'était qu'un fragment d'une grande revue embrassant les cinq parties du monde, & commandée par le directeur de l'Odéon à Gérard de Nerval, Méry & Paul Bocage. La pièce avait été faite, refaite, abandonnée. Bref, on n'en avait sauvé que l'acte de la cour d'Haïti, — où, par parenthèse, Lambert Thibouſt, alors comédien, jouait un bout de rôle avec infiniment de verve.

Gérard de Nerval demeurait au coin de la rue Saint-Thomas-du-Louvre, dans une maison habitée par les demoiselles Brohan. Il avait le spectacle de la place du Musée, occupée, comme on se le rappelle, par des brocanteurs & des marchands d'oiseaux. Combien Gérard devait se plaire dans un pareil lieu! Tous les matins il descendait sur la place & y passait des heures entières; il s'était pris surtout d'un véritable attachement pour un remarquable kakatoès, plein de grandeur & d'éclat, attaché par une chaîne de cuivre à son juchoir. Au milieu du groupe de militaires & d'enfants qui ne cessaient de l'environner, ce kakatoès gardait la gravité d'un magiſtrat irréprochable; mais faisait-on mine de l'agacer, il se hérissait, poussait un cri aigre, battait des ailes, & roulait sa langue épaisse dans son bec entr'ouvert. Il n'était accessible que pour Gérard de Nerval qui, rempli de façons aimables & d'attentions délicates, ne manquait jamais de venir chaque matin partager avec lui une demi-livre de cerises qu'il apportait dans son mouchoir. Quand les cerises étaient mangées, le kakatoès, pour manifeſter sa reconnaissance, se suspendait par le bec à l'un des bâtons & se balançait longtemps dans cette posture acrobatique, ou bien il mordillait le doigt de Gérard, ou il posait la patte sur son collet d'habit. Heureux kakatoès! heureux Gérard!

Cette félicité innocente eut cependant une fin, comme toutes les félicités. Un matin, Gérard de Nerval, arrivant avec ses cerises, ne trouva plus le kakatoès; il apprit qu'un étranger l'avait acheté très-cher. Cette nouvelle le pétrifia : il s'était habitué à considérer l'oiseau comme son bien, comme sa propriété; il ne pouvait concevoir qu'on l'en eût séparé.

— Que ne l'achetiez-vous? lui dit le marchand.

— Ah! répondit Gérard, cela n'aurait plus été la même chose!

Fouillant une fois dans mon humble bibliothèque, Gérard poussa un cri de joie. Il venait de s'emparer d'un livre intitulé : *Les Aventures du docteur Fauſt & sa descente aux Enfers*, traduction de l'allemand, avec figures. Il y avait plus de trente ans que Gérard de Nerval cherchait ce livre; c'était pour lui un souvenir & un désir d'enfance. La première fois qu'il l'avait vu, c'était sur les rayons en plein air d'un étalagiſte du boulevard Beaumarchais; les *figures* l'avaient attiré par leur étrangeté : l'une d'elles représentait un Léviathan énorme, les cheveux chassés par le vent, les yeux & la bouche vomissant des flammes, habillé du reſte comme un bourgeois, c'eſt-à-dire en juſtaucorps & en culotte courte, chaussé de gros souliers. Ce Léviathan tenait du bout des doigts, entre l'index & le pouce, la dépouille humaine de Fauſt, ployé en deux, mort. — Gérard de Nerval, alors écolier, avait marchandé le livre ; mais le bouquiniſte, petit vieillard aussi étrange que son livre, avait demandé un prix exorbitant, quinze ou vingt francs, je crois. Gérard s'étonna & soupira, comprenant qu'il devait y renoncer.

Mais la fatalité le ramenait presque tous les jours devant ce *Fauſt* inconnu ; il en avait lu quelques pages, il voulait lire tout. Le bouquiniſte inquiet mit le livre dans une vitrine qui fermait à clef. Alors Gérard se détermina à amasser sur ses économies la somme indispensable ; mais lorsqu'au bout de quinze jours il reprit le chemin du boulevard Beaumarchais, l'étalage & l'étalagiſte avaient disparu. Il repassa le lendemain, même absence. Il s'informa de la demeure du vieux libraire, on l'envoya à la rotonde du Temple ; là, après avoir visité plusieurs galetas, il finit par apprendre que le bouquiniſte était mort subitement ; les livres avaient été envoyés à l'hôtel Bullion & vendus par lots.

Depuis lors, Gérard de Nerval n'avait jamais complétement oublié *les Aventures du doƈteur Fauſt* & le Léviathan en pourpoint allemand ;

parmi les nombreux Fauſt qui ont précédé & suivi le type définitif de Gœthe, celui-là lui tenait particulièrement au cœur. C'était un Fauſt marié, père de famille, voyageur. C'était aussi un Fauſt politique. Nous en reparlerons tout à l'heure. En retrouvant ce livre chez moi, Gérard assouvissait un de ces premiers désirs, un de ces désirs d'adolescent, les plus impérieux de tous ; on comprend sa joie. Il me demanda la permission de l'emporter ; je fis mieux, le lui donnai, & c'eſt avec *les Aventures du doƈteur Fauſt & sa descente aux Enfers* qu'il écrivit peu de temps après son drame de *l'Imagier de Harlem*.

Dans *l'Imagier de Harlem ou la Découverte de l'Imprimerie*, drame légendaire en cinq aƈtes & en dix tableaux, Gérard de Nerval a subſtitué Laurent Coſter au doƈteur Fauſt. Ce point de départ excepté, la fable eſt la même que dans le bouquin du boulevard Beaumarchais. Le diable conduit successivement Laurent Coſter à la cour de l'archiduc Frédéric III, en France chez Louis XI, en Italie chez les Borgia. Les lamentations de sa femme & de ses enfants suivent Coſter dans ses pérégrinations, comme elles suivent Fauſt dans les siennes. Gérard de Nerval, dont la métempsycose & l'illuminisme se partageaient continuellement l'imagination, n'avait ajouté qu'un personnage, incompréhensible, il eft vrai : c'était Aspasie, la courtisane Aspasie, qui s'incarnait à son tour dans la dame de Beaujeu, dans Impéria, & enfin dans une Muse. Ce drame, d'une contexture bizarre, bâti sur cette idée : le diable s'emparant de l'imprimerie & en faisant une de ses armes, écrit tantôt en vers & tantôt en prose, appelant à son aide les pompes de la danse & du chant, ce drame, qui n'eut d'ailleurs qu'un succès d'étonnement, accusait trois collaborations bien tranchées : celle de M. Méry, celle de M. Bernard Lopez & celle du directeur du théâtre qui le fit représenter, M. Marc Fournier.

11

Le *Fauft* dont Gérard de Nerval s'eft inspiré eft connu en Allemagne sous la désignation de *Fauft* de Klinger; il fut publié vers 1792, & obtint un succès de plusieurs éditions. Malgré l'époque favorable aux licences écrites, Maximilien Klinger crut devoir garder l'anonyme;

comme tous les Allemands spirituels, il était tombé à bras raccourci sur l'Allemagne, principalement sur les souverains & le clergé. Son livre est moins un roman qu'un pamphlet corrosif, un tableau de l'Europe à vol de démon. Une première traduction française en parut six ans après, à Amſterdam, avec six gravures & un portrait de Fauſt en médaillon sur le titre. Les traducteurs (MM. de Saur & Saint-Geniès) gardèrent d'abord l'anonyme, comme l'auteur; leur version, reproduite plusieurs fois à Paris & à Reims, semble être un mot à mot; elle eſt précieuse à cet égard.

Les Aventures du docteur Fauſt & sa descente aux enfers forment deux volumes in-12, & comprennent cinq livres, divisés eux-mêmes en petits chapitres. Nous allons essayer d'en donner une analyse, qui mettra en évidence les points de rapprochement avec les situations principales de *l'Imagier de Harlem*. Dans le premier livre, le docteur Fauſt se rend de Mayence à Francfort avec le dessein de vendre au conseil de cette ville une Bible latine imprimée par lui. Il en demande deux cents ducats. Par malheur, on a acheté quelques semaines auparavant cinq foudres de vieux vin du Rhin, & sa requête reſte sans effet. C'eſt vainement qu'il s'adresse aux échevins, au maire, aux sénateurs & à l'orgueilleux conseiller du corps de métier de saint Crépin. Fauſt, le cœur gonflé d'amertume, revient chez lui & se décide à tracer le cercle terrible qui va le séparer à jamais de Dieu. Au moment où il étend le bras, une figure confuse lui apparaît & lui crie : « Fauſt ! Fauſt !

« Faust. — Qui es-tu, pour venir m'interrompre dans mon audacieux ouvrage?

« La Figure. — Je suis le génie de l'humanité, & je veux te sauver, s'il eſt possible encore.

« Faust. — Que peux-tu me donner pour apaiser la soif de la science & mon penchant invincible pour la jouissance & la liberté?

« La Figure. — L'humilité, la résignation dans les souffrances, la modération, le noble sentiment de toi-même, une mort douce & la lumière après cette vie.

« Faust. — Disparais, fantôme ! Je te reconnais aux ruses avec lesquelles tu trompes les misérables. Va faire tes momeries devant le mendiant, l'esclave, le moine ; adresse-toi à ceux qui ont enchaîné leurs âmes, à ceux qui ont renoncé à eux-mêmes pour échapper aux griffes du désespoir. Mes forces veulent de l'espace : que celui qui me les a données réponde d'elles ! »

Ayant dit, Fauſt se précipite au milieu du cercle & prononce la formule magique. La porte s'ouvre, livrant passage à un personnage majestueux : c'eſt Léviathan, un des princes de l'enfer. Fauſt s'irrite de cette forme : « Suis-je donc condamné à trouver l'homme partout ? » murmure-t-il. Ensuite il ordonne à Léviathan de lui dévoiler le principe de toutes les choses, de mettre à nu devant lui les ressorts du monde physique & du monde moral, enfin de lui faire connaître l'essence du Très-Haut. « Insatiable ! dit le démon ; sache donc que depuis que nous sommes exterminés, nous avons perdu l'idée de ces secrets céleſtes, & même oublié la langue dans laquelle ils s'expriment. » Bref, supplié ou menacé, Léviathan ne consent qu'à promener le doƈteur Fauſt à travers l'univers. Son pouvoir eſt borné là. « Je prends un grand homme par la main, & je suis fier d'être son serviteur, » dit-il. Ce respeƈt du diable pour le génie eſt un des traits caraƈtériſtiques & louables de l'ouvrage.

En guise d'intermède, on assiſte à un banquet donné dans l'enfer par Satan pour célébrer la découverte de l'imprimerie. Il s'agit d'un repas d'âmes fraîchement arrivées le matin : âmes de conquérants, de philosophes, de visirs. Les marmitons les font cuire ou rôtir en les arrosant avec des coulis combuſtibles. Les vins deviennent l'objet de soins tout particuliers; certaines bouteilles sont remplies avec les pleurs des collatéraux, des médecins & des veuves; les flacons d'entremets contiennent les larmes précieuses des jeunes filles auxquelles la misère est venue passer autour du corps la ceinture dorée. Pour Satan & ses intimes, il y a, dans des coupes à part, un plus noble & surtout un plus rare breuvage : ce sont des larmes de rois & de miniftres. Après avoir dressé les tables, les cabaretiers du noir séjour se rendent au marais des damnés, en chassent les âmes brûlantes, & les font voler au plafond de la salle pour éclairer le banquet. Tous les diables saisis d'allégresse élèvent leurs verres en répétant à plusieurs reprises : « —Vive Fauft! Vive l'empoisonneur des fils de la poussière ! »

L'horrible & l'ingénieux se mêlent dans ce chapitre, qui se termine par un ballet allégorique tout à fait dans le goût allemand. On voit le Crime danser avec l'Orgueil, pendant que l'Imagination joue de la flûte ; puis c'eft un menuet dont la Flatterie dessine les figures; l'Impofture donne du cor de chasse. Survient la Discorde qui se jette entre les groupes. « La Théologie, s'apercevant que tous embrassaient avec ardeur la voluptueuse Poésie, brûla par derrière, avec sa torche enflammée, l'idolâtrée déesse de la rime. Celle-ci poussa des hurlements effroyables ; le Charlatanisme s'avança pour panser la blessure ; mais l'Hiſtoire eut pitié d'elle, & lui appliqua sur la partie lésée une feuille encore humide d'un roman sentimental. La Politique finit par les atteler tous à son char & les emmena en triomphe. »

Les livres deuxième & troisième sont consacrés aux récits des excursions de Fauſt & du prince Léviathan par toute l'Allemagne : ils tentent les évêques, les ermites, les religieuses ; ils corrompent les juges & les bourgmeſtres. Et la corruption a toujours raison ; & la tentation ne rencontre que des âmes sans réſiſtance. Fauſt détourne la tête avec triſtesse. — « Ramène-moi à Mayence ! » dit-il au diable. Dans sa nouvelle fortune, Fauſt avait oublié sa famille ; il la retrouve affamée & en haillons ; ses enfants tâtent ses poches avec avidité pour y chercher du pain ; son vieux père s'approche, les genoux tremblants ; sa femme sanglote en l'entourant de ses bras amaigris. Fauſt, ému, tire un sac plein d'or, & le jette sur la table. A cette vue, la joie renaît sur les physionomies ; seul, le vieillard hoche la tête & soupire :

« Le vieux Faust. — Mon fils, reſte dans ton pays & nourris-toi honnêtement, dit l'Écriture.

« Faust. — Et meurs de faim, sans que personne ait pitié de toi, dit l'Expérience. »

Fauſt repart. Il veut visiter la France, alors gouvernée par Louis XI ; dès son arrivée, il assiſte à la double mort du duc de Berry & de sa maîtresse, occasionnée par une pêche empoisonnée, envoi du roi très-chrétien. A Paris, il se heurte à l'échafaud de Nemours ; dans le château de Plessis, il n'échappe qu'avec peine au lacet de Triſtan ; les prisonniers de la galerie des cages de fer le poursuivent de leurs prières & de leurs cris. — « Eh quoi ! s'écrie Fauſt avec ſtupeur, c'eſt par un squelette vêtu de pourpre que les nerveux habitants des Gaules se laissent égorger ! Qui comprend quelque chose à cela ? Tout ce que je vois, tout ce que je sens en moi & hors de moi n'eſt qu'un tissu de contradictions. Des idées affreuses errent dans mon cerveau, & souvent il me semble que le monde moral n'eſt régi que par une espèce de tyran, pareil à ce malheureux ! »

Le diable sourit, & tous deux vont en Angleterre. Ils aperçoivent sur les degrés du trône une sorte de monſtre, bossu, tordu, sanglant, hautain ; ils reconnaissent en lui le protecteur du royaume, le duc de Gloceſter, qui sera bientôt Richard III ; ils pénètrent à la Tour & sont témoins de l'assassinat du jeune roi légitime &

de son frère, qu'on enterre sous une dalle de cachot. Jamais Fauft n'avait vu commettre de tels crimes avec autant de sang-froid ; il n'en veut pas voir davantage. Sur le point de s'embarquer, Léviathan lui dit avec une adorable insouciance : — « Au refte, en enfer, on ne fait pas grand cas de ces triftes insulaires, qui suceraient la moelle de tous les cadavres peftiférés du globe, s'ils croyaient trouver de l'or dans leurs os. Ce peuple, qui méprise les autres nations, se joue de tout ce que tu nommes sentiment, ne conclut aucun traité que dans l'intention de le rompre dès qu'il y a un terrain à gagner. Si les habitants de la terre ferme savaient se passer de sucre & de café, les enfants de la vaine Albion redeviendraient ce qu'ils étaient lorsque Jules César, Canut, roi de Danemark, & Guillaume de Normandie s'amusèrent successivement à y faire une descente. »

Le vent les pousse en Espagne. Un auto-da-fé a rassemblé sur une grande place des cavaliers en habits magnifiques & des femmes éclatantes de beauté & de sourires. Là, Fauft entend le fameux inquisiteur Torquemada se vanter auprès d'Isabelle & de Ferdinand de ce que le tribunal a jusqu'à présent fait le procès à quatre-vingt mille personnes, & immolé dans les flammes six mille hérétiques. Fauft commence à croire que toutes ces horreurs appartiennent essentiellement à la nature de l'homme, qui, en sa qualité d'animal, doit ou déchirer ses semblables ou être déchiré par eux. Il enveloppe sa figure dans son manteau, qu'il baigne de larmes.

D'autres scènes non moins atroces l'attendent cependant en Italie. A Milan, c'eſt le meurtre du duc Galéas Sforce, dans la cathédrale; à Florence, c'eſt l'assassinat du neveu du grand Côme, ordonné par l'archevêque Salviati. Enfin Fauſt & Léviathan mettent le pied dans Rome. Le cadre s'agrandit. Un livre entier dépeint la ville éternelle, courbée sous l'effroyable & somptueuse domination d'Alexandre VI.

Après avoir satisfait à la coutume du baisement de la mule papale, — Léviathan s'exécute sans trop faire la grimace, — ils sont reçus dans les petits appartements du Vatican, où une représentation de la *Mandragore*, de Machiavel, a été organisée. Ils lient connaissance avec Lucrèce Borgia, qu'accompagnent ses deux frères François & César. Des fêtes se succèdent, alternant avec des meurtres; dans une partie de chasse à Oſtie, le pape, afin d'augmenter les revenus du saint-siége, trouve ingénieux de taxer les péchés & d'échanger les dispenses contre des florins d'or. Fauſt devient l'amant de Lucrèce.

Toute cette série de peintures de fantaisie & d'hiftoire respire une incroyable chaleur, & eft soutenue par une progression de vices qui fait quelquefois trembler le livre aux mains du lecteur. Plus que dans les autres *Fauft*, on sent qu'un souffle vraiment diabolique a passé par là.

Le livre cinquième commence. Ils ont fui Rome. « Muet, sombre & rêveur, Fauft était à cheval à côté du diable. Celui-ci le laissait avec plaisir livré à ses réflexions, & riait par l'espérance flatteuse de respirer bientôt avec lui les douces vapeurs de l'enfer. Ils aperçurent Worms dans la plaine; lorsqu'ils n'en furent plus éloignés que de quelques jets de pierre, ils virent une potence à laquelle était attaché un jeune homme grand & bien fait. Fauft leva les yeux. Un vent frais qui soufflait à travers les blonds cheveux du pendu, & qui poussait son corps en avant & en arrière, permit à Fauft de remarquer une taille élégante. Ce coup d'œil lui fit verser des larmes, & il s'écria d'une voix tremblante :

« — Pauvre jeune homme ! quoi ! dans la fleur de ton âge, déjà ici, à ce fatal poteau !

« Le Diable. — Fauft, c'eft ton ouvrage.

« Faust. — Mon ouvrage ?

« Le Diable. — Considère attentivement ce jeune homme, c'eft ton fils aîné.

« Fauft regarda en l'air, reconnut son fils & tomba de cheval. »

Rien de plus. C'eft sec & affreux comme la réalité. L'or que Fauft a jeté dans sa famille a dépravé son fils, tué son vieux père; sa femme, couverte de lambeaux, va s'asseoir tous les jours devant la porte du couvent des Franciscains, attendant les reftes du souper de ces moines. Fauft, revenu à lui, appelle la mort. « Eh bien! s'écrie-t-il, que mon sang fume devant l'autel du Formidable! qu'il se réjouisse de mes sanglots, je l'ai atteint. Déchire la chair qui enveloppe mon âme incertaine & douteuse! Romps le charme, je ne t'échapperai pas; & quand même je le pourrais, je ne le voudrais pas, car les tourments de l'enfer ne doivent être rien en comparaison de ce que j'éprouve maintenant! — Ton courage, Fauft, me fait plaisir, répond Léviathan; j'aime mieux entendre ce que tu dis que les hurlements & les sifflements sur lesquels je comptais. »

Mais le diable de Klinger eft un ergoteur, & il ne veut pas abandonner à si bon compte sa victime : forcé d'admirer son courage, il lui contefte sa logigue; il veut que Fauft ait mal vu, mal jugé, & c'eſt là une thèse au moins étrange dans une pareille bouche : « Insensé! dit-il à Fauſt, tu te vantes d'avoir étudié l'homme & de le connaître! As-tu comparé les besoins & les défauts résultant de sa nature avec ceux qu'il doit à la civilisation & à une volonté qui n'eſt plus la sienne? Tu n'as fréquenté que les palais & les cours. Peux-tu dire que tu connais l'homme, puisque tu ne l'as cherché que dans la lie du crime & de la volupté? Tu as passé avec dédain devant la cabane de l'homme modeſte... » Encore un peu, & ce diable deviendrait tout à fait un diable de l'*école du bon sens*, si Fauſt ne l'interrompait brusquement en ces termes : « Égorge-moi, & ne m'assassine pas par ton bavardage, qui tue mon cœur sans convaincre mon esprit. Vois, mes yeux sont fixes & secs. Diable, écris dans ces nuages obscurs, avec les bouillons de mon sang, la belle théodicée que tu viens de me prêcher! »

Le dénoûment eſt prévu. Toutefois Léviathan permet à Fauſt de détacher son fils de la potence & de l'enterrer dans un champ voisin, récemment ouvert par la charrue. Ce devoir accompli, Fauſt revient vers lui en disant : — « Ma tristesse & mon malheur sont à leur comble; brise le vase qui ne peut plus les contenir. »

Alors s'exécute cette scène qui a fourni le sujet de la gravure que nous avons décrite. Léviathan saisit Fauſt avec un rire moqueur, dépouille son âme de son corps comme on dépouille une anguille de sa peau, déchire ses membres & les disperse dans la plaine. Puis il emporte l'âme en enfer.

Dans tout cela, on le voit, il eſt peu queſtion de l'imprimerie, ou il n'en eſt queſtion que secondairement. La satire passe à côté. Mais en somme l'ouvrage eſt curieux : il accuse de l'ampleur & de l'ardeur ; il ne marchande pas avec l'horrible, il a des pages séduisantes comme le *Moine* & des pages libres comme *Jacques le Fataliste* ; c'eſt bien le roman d'un Allemand mordu par la Révolution.

Gérard de Nerval a laissé de côté l'épisode du voyage en Angleterre. Il a supposé avec raison que Gloceſter était usé sur la scène ; en revanche, il a cherché à développer le drame du ménage de Fauſt, & il a agrandi l'importance philosophique de la découverte de l'imprimerie. Cette dernière préoccupation n'a eu & ne pouvait avoir qu'une action médiocre sur le public. Néanmoins il eſt reſté un assez puissant reflet du roman sur le drame ; & nul n'était plus propre que Gérard de Nerval à diſtribuer cette lumière étrange sur les diverses parties d'une œuvre théâtrale.

III

Gérard m'engageait quelquefois à collaborer avec lui pour le théâtre. Il s'occupait depuis très-longtemps d'un drame sur *Nicolas Flamel*, qu'il me raconta pendant une soirée. Une autre fois, il m'apporta un petit cahier tout écrit de sa main, intitulé : *la Forêt Noire*. « Lisez-le, me dit-il, vous me direz demain si nous pouvons en faire quelque chose. » Le lendemain, Gérard de Nerval ne vint pas. Il était parti pour La Haye, pour Senlis ou pour Saint-Germain. Nous oubliâmes tous les deux le petit cahier. Je l'ai retrouvé dans ces derniers temps, et je le transcris ici. On y retrouvera ce type de Brisacier qu'il affectionnait particulièrement, et qu'il a reproduit dans plusieurs de ses ouvrages.

LA FORÊT NOIRE

Donnée historique

L'action se passe en 1702, à l'époque où Louis XIV luttait contre l'empereur d'Allemagne dans le Palatinat. L'électeur de Bavière & celui de Cologne étaient alors les alliés de la France & Villars commandait les armées réunies. On venait de prendre Neubourg, & Villars occupait la ville sous les murs de laquelle on devait le surlendemain livrer une bataille définitive. Les troupes de Louis XIV & des électeurs s'étaient établies dans les principaux édifices, sur les places, & des détachements gardaient les portes avec ordre de ne laisser sortir personne de suspect, car on avait espéré s'emparer de plusieurs proteftants réfugiés après les guerres des camisards, auxquels le margrave de Bade avait donné asile, & qu'on soupçonnait d'aider les ennemis de leurs talents & de leurs richesses.

L'incendie des châteaux du Palatinat avait eu principalement le motif de détruire les principaux lieux d'asile qu'ils avaient trouvés. Les ordres de Louis XIV étaient impitoyables sur ce point.

PREMIER ACTE

Près de l'une des portes de Neubourg est une taverne avec un jardin & des tonnelles où l'on vient boire. Les soldats de l'armée victorieuse se mêlent au peuple de la ville dans cette sorte de *redoute*. On danse, on boit, & un piquet de dragons, tout en gardant le poste, regarde avec curiosité ce peuple étranger insoucieux des maux de la guerre. Un jeune capitaine, nommé Brisacier, cause avec un brigadier de musique, nommé Chavagnac; ce dernier voudrait se mêler à la valse, mais le capitaine lui parle de la consigne & de son âge qui devrait lui commander la gravité. Brisacier est en effet le plus jeune, mais né de parents inconnus, élevé dans le régiment, la protection de Villars, qui ne s'est pas soucié de son origine, mais de son talent, l'a fait parvenir à son grade. Chavagnac s'attendrit en causant du passé & comprime avec peine un secret qu'il doit cacher à Brisacier qu'il a vu tout petit & qui, quoique son supérieur, est resté son camarade. Le caractère gai & bruyant de Chavagnac le fait échapper vite à de tristes souvenirs.

Cependant une troupe de Bohémiens se présente & veut franchir la porte avant que la ville soit fermée. Ils se sont trouvés pris dans la ville pendant le siége & leur humeur vagabonde les appelle ailleurs, ils disent que de pauvres baladins comme eux ne peuvent s'exposer aux chances nouvelles de la bataille qui doit se livrer. Au moment où Brisacier va donner l'ordre de les laisser sortir : « Sont-ce bien des Bohémiens ? dit le lieutenant chargé de garder la porte sous les ordres de Brisacier. — Il y a un moyen de s'en convaincre, dit gaiement le trompette Chavagnac, c'eſt de leur faire montrer leurs talents. »

Le chef des Bohémiens s'intitule comte d'É-gypte, & se donne comme prédisant l'avenir & maître des deſtinées ; sa barbe blanche & sa tenue solennelle donnent quelque apparence à ses paroles. Une petite vieille qui l'accompagne & qui se dit sibylle montre des cartes ou tarots & s'offre à tirer le grand jeu. Quant à une jeune fille qui l'accompagne, celle-là ne sait que danser & chanter pour attirer la foule autour de ses compagnons. Sur l'insiſtance des officiers, elle se dévoile & chante aux sons du tambour de basque une chanson gaie qui dispose en sa faveur les assiſtants.

A peine s'eſt-elle dévoilée, que Brisacier se récrie dans un étonnement profond : il a reconnu en elle les traits d'une peinture vue sans doute dans sa plus tendre enfance, & communique sa surprise à Chavagnac, qui dès lors partage son émotion.

Brisacier s'approche d'elle & lui parle, lui demande le lieu de sa naissance & mille détails que la vieille se hâte d'interrompre; elle cherche à donner le change. Sous ses traits basanés, on s'aperçoit qu'elle est jeune & qu'elle exerce sur la chanteuse une sorte de protection mystérieuse. Brisacier ne conçoit pourtant aucun soupçon, & commande aux soldats de laisser sortir les Bohémiens; mais le lieutenant, malveillant & jaloux en lui-même du capitaine (qui, quoique enfant trouvé, lui est supérieur en grade, à lui, descendant d'une ancienne famille), a fait prévenir le colonel qui envoie l'ordre de retenir ces gens suspects.

Alors le vieillard, sans abandonner son rôle de Bohémien, tente de soulever la population & en ayant l'air de prédire, arrive peu à peu à faire appel aux idées religieuses des assistants, anabaptistes pour la plupart. Il parle du bonheur que Dieu promet à ceux qui soutiendront cette cause, & ses chants sont le tableau des joies mystiques du paradis où les croyants rejoindront leur famille & retrouveront ceux qui leur sont chers. Ce passage frappe vivement l'imagination de Brisacier qui pleure sa position d'orphelin & cherche à sauver les fugitifs. Au moment où le lieutenant & lui se disputent sur ce sujet, le colonel arrive, averti qu'on méconnaît ses ordres, met aux arrêts le capitaine Brisacier & ordonne que l'on entraîne à la mort ces malheureux qui ont tenté de soulever le peuple. Brisacier sort désespéré & se sépare avec la plus profonde douleur de la jeune fille qui va périr. Seulement à la chute du rideau l'on voit paraître le général en chef Villars & l'on peut prévoir un autre dénoûment.

DEUXIÈME ACTE

Cet acte se passe dans la *serre* d'un château du Rhin, situé dans la Forêt Noire, à peu de distance de Neubourg. Ce château passe dans le pays pour être hanté des esprits, & *Ondine*, la reine des eaux, y attire, à ce qu'on croit, les jeunes gens séduits par les paroles des Bohémiennes. L'exposition en aura été faite dans le premier acte. Le trompette Chavagnac entre tenant dans ses bras son capitaine évanoui. Il expose qu'après sa condamnation aux arrêts, Brisacier, craignant de ne pouvoir assister à la bataille, avait tenté de s'échapper de la prison. Aidé par lui, il a sauté d'une fenêtre haute, mais sa tête ayant porté sur le sol, il est resté privé de ses sens. En cherchant du secours, Chavagnac a traîné son ami jusqu'à une ouverture par laquelle il eſt entré dans le château, & maintenant il appelle, avec une crainte que l'aspect étrange des lieux juſtifie. Des noirs arrivent & transportent le capitaine sur un banc de gazon. Le trompette leur recommande de prendre soin de lui & cherche à se retirer, mais il ne peut retrouver son chemin, tout eſt fermé. Sa crainte des esprits revient & il les invoque avec une confiance comique. Bientôt une troupe de jeunes filles magnifiquement vêtues se répand sur la scène & elles entourent le capitaine en lui prodiguant des secours.

Brisacier revient à la vie & se croit dans un autre monde : les paroles du vieux Bohémien de la veille lui reviennent dans l'esprit, & il s'imagine qu'étant mort après avoir défendu ces infortunés, le ciel l'a transporté dans le monde magique qu'ils avaient annoncé & où doit briller l'image de celle qu'il aime. Il la demande & elle paraît, mais non plus comme une obscure Bohémienne, sous des habits de grande dame & dans le coſtume du tableau qu'il a vu autrefois.

Il doute si c'eſt l'autre vie ou un rêve qui lui présente de telles apparitions ; mais le souvenir des Bohémiens entraînés au supplice lui fait penser surtout que comme lui ils se retrouvent dans un monde meilleur. En effet, la vieille sibylle du premier acte paraît en costume de reine & comme maîtresse du château. Chavagnac reconnaît en elle la fée Ondine des ballades, tandis que Brisacier invoque sa puissance pour lui rendre celle qu'il aime qui vient de disparaître encore comme l'idéal de sa vie.

Au moment où la sibylle semble s'attendrir, le vieillard paraît sous des habits d'une forme ancienne & semble en proie à la fureur de ce qu'un profane a pénétré dans le château. La sibylle le prend à part & lui explique ce qu'elle suppose, pendant que Chavagnac & Brisacier se communiquent leurs impressions, qui chez l'un ont un caractère d'illusion combattue par le courage, tandis que chez l'autre la peur & la crédulité augmentent les éléments de conviction surnaturelle qui doivent frapper Brisacier.

Cependant le vieillard a déjà conçu une idée qui le frappe vivement; la sibylle y ajoute ses propres observations, mais le doute fait encore que l'on hésite à prononcer sur le sort des deux militaires. Car les habitants du château ne sont autre chose que des protestants réfugiés & la sibylle prétendue est la margrave Sibylle, souveraine du pays de Bade qui, surprise dans Neubourg avec ses protégés, avait pris un déguisement pour échapper aux troupes de Louis XIV.

La margrave Sibylle, femme capricieuse & spirituelle, s'amuse de l'erreur de Brisacier & lui fait raconter sa vie & son origine. Elle apprend qu'il y a dans les souvenirs d'enfance du jeune homme une impression vive de quelque scène terrible à laquelle il a échappé, & c'eſt en inſtruisant de cela le vieillard, ancien *comte d'Alby,* qu'elle lui donne matière à réfléchir lui-même. Il se souvient alors d'un neveu échappé au massacre du château de son père, dans les Cévennes, & veut savoir si c'eſt réellement Brisacier.

Pendant qu'il prépare tout dans cette idée, la margrave cherche à agir sur l'imagination du jeune homme en lui disant qu'il eſt en ce moment sous le pouvoir des esprits, & que, soit illusion, soit rêve, c'eſt le moment solennel de sa vie où il doit se décider entre deux partis. Il pleure ses parents perdus, il rêve d'impressions oubliées; la volonté céleſte va les lui rendre, & alors il se prononcera.

En effet, un portique en ſtyle de la renaissance qui fermait le fond du théâtre ouvre ses portes & l'on aperçoit une table entourée de convives en coſtumes du siècle précédent. Une jeune fille eſt à la droite du seigneur proteſtant, qui lui-même paraît plus jeune; c'eſt toujours la Bohémienne, mais c'eſt en même temps la personne dont l'image est restée dans l'imagination du capitaine.

Pendant que ces personnages prennent part au banquet de famille, le son d'une trompette retentit au dehors. A ce moment, Chavagnac porte la main à son clairon & s'écrie comme pris d'un souvenir terrible : « Les huguenots à mort ! à mort ! » Un clairon vêtu comme lui entre dans la salle en répétant ces mots ; des soldats costumés en dragons de Louis XIV se précipitent sur les protestants, & les portes du pavillon se referment au moment du tumulte que doit amener cette situation.

Brisacier, cependant, a revu dans cet instant toute une scène dont le souvenir vague n'avait jamais été expliqué pour lui ; quant à Chavagnac, en proie à la plus profonde terreur, il demande pardon aux esprits vengeurs qu'il croit irrités contre lui, & raconte que c'est en effet lui-même qui a sonné l'attaque du château protestant. Seulement il a sauvé du milieu des morts & des blessés un jeune enfant qui n'est autre que Brisacier, & l'ayant fait élever dans la foi catholique & adopter par le régiment, il ne lui a jamais parlé de sa naissance & a détourné ses idées des premières impressions de sa vie.

La margrave reparaît, & pour effacer ces

sombres souvenirs, elle ramène autour de Brisacier les jeunes filles qui lui présentent la coupe de l'oubli; la seule image qui reparaît eft celle de la jeune fille aimée; elle lui chante & le bonheur & la perspective de se rendre digne d'elle en protégeant les malheureux proscrits. Cependant le sommeil s'empare des deux militaires, & l'on comprend que c'eft dans cet état, dû à une liqueur préparée, qu'ils seront transportés hors du château.

TROISIÈME ACTE

La scène se passe dans le camp français au bord du Rhin. La bataille a lieu dans le lointain, dans la plaine de Friedlingue, & les paysans effrayés viennent demander protection aux troupes de réserve qui gardent le camp. La compagnie de Brisacier se désespère de ne pas prendre part au combat. En ce moment, Brisacier & Chavagnac, pâles de la nuit qu'ils ont passée, reparaissent & cherchent à échapper aux interrogations. Le capitaine veut regagner la salle des arrêts, mais on vient annoncer que la bataille eft perdue & que l'aile gauche des impériaux se prépare à attaquer le camp. Le peuple effrayé s'adresse au capitaine, qui voyant revenir des soldats débandés prend sur lui la résolution d'appeler sa troupe aux armes.

Pendant que les paysans suivent avec anxiété les chances du combat, les chefs victorieux reviennent du côté opposé, & là se passe la scène historique dans laquelle les soldats nommèrent Villars maréchal de France sur le champ de bataille. Cependant une inquiétude interrompt ce triomphe : on apprend à Villars qu'un parti de troupes débandées ont été ramenées au combat par une compagnie de réserve, qui elle-même a été à la fin repoussée par le gros des ennemis en retraite. On envoie du monde pour les dégager, & bientôt l'on ramène Brisacier confondu. Parmi les ennemis qu'il a trouvés en face de lui, il a reconnu le vieillard mystérieux, & n'osant le frapper il s'est précipité parmi les ennemis en appelant la mort. Conduit devant le général en chef après avoir été dégagé, il demande d'être jugé selon la rigueur militaire, & les chefs ne peuvent prononcer autre chose que la mort ; au moment où le conseil se réunit pour prononcer cet arrêt, on amène des prisonniers faits dans la sortie qui a été cause de ce désordre & qui, on le comprend, a été tentée par les habitants du château. Le capitaine Brisacier, qui, en proie à des idées mystiques, ne voulait plus que mourir pour retourner au séjour féerique entrevu la nuit précédente, reconnaît avec désespoir les habitants du château qui ne sont plus que des proscrits; le lieutenant, jaloux de son grade qui lui a nui encore dans cette affaire, raille Chavagnac qui, pour essayer de sauver son ami, avait raconté les circonftances fantaftiques de la nuit. Cette ironie porte en même temps au cœur de Brisacier; toutefois les prisonniers viennent près de lui, & une explication donnée par la margrave achève de dissiper ses doutes. En même temps la margrave lui apprend que l'électeur *roi des Romains*, son parent, traite en ce moment même avec Villars, & que, grâce à des concessions faites à la France, la délivrance des prisonniers eft assurée. Ne se doutant pas en outre de la position dans laquelle s'eft mise Brisacier, elle appelle Diane & réunit les amants comme désormais fiancés. Là a lieu une scène où Brisacier mêle triftement en lui-même la perspective de sa mort à l'heureuse deftinée qui lui arrive en apparence.

Le voilà reconnu membre d'une illuftre famille, on lui promet celle qu'il aime; tout s'éclaircit autour de lui; ces êtres fantaftiques, entrevus comme dans un rêve, sont vivants & lui va mourir! Au moment où, n'osant les détromper, il accepte ce que la margrave lui promet, la décision du conseil de guerre eft annoncée & consterne les assiftants.

La margrave quitte la scène, avertie de l'arrivée de l'électeur roi des Romains. Elle court à lui pour l'implorer, & l'on apprend bientôt qu'il eft en conférence avec Villars. Mais ce qui rend la grâce impossible au moment où elle semble décidée, c'eft qu'un sergent coupable d'une faute analogue a été déjà passé par les armes. Cette péripétie, à laquelle on peut ajouter le murmure des soldats qui croient qu'on va faire un passe-droit à cause de l'origine noble du capitaine désormais reconnue, amène une résolution par suite de laquelle un peloton eft commandé pour l'exécution par les armes de Brisacier. Le trompette Chavagnac parle en secret aux soldats choisis pour cet acte, lesquels sont de vieux soldats qui, comme lui, ont concouru à sauver autrefois Brisacier enfant.

La nuit commence à tomber & les troupes repassent le Rhin en abandonnant la rive, par suite du traité fait avec l'électeur; on entend bientôt le bruit de l'exécution de Brisacier, & les proscrits se désolent sur la scène de cette condamnation qui s'exécute derrière les arbres voisins. Mais un inftant après, la troupe reftée en dernier lieu s'embarque, & Brisacier, qui n'a subi qu'un simulacre d'exécution deftiné à tromper l'armée, se jette dans les bras de ses parents avec lesquels il vivra désormais en épousant Diane d'Alby.

HENRY MURGER

HENRY MURGER

Henry Mürger eft mort le 28 janvier 1861, à dix heures moins un quart du soir, dans la nouvelle maison Dubois, au faubourg Saint-Denis. Il eft mort d'une mort horrible, barbare, injufte. Une de ces affections charbonneuses qui ne pardonnent pas, ou qui ne retardent leurs effets que de complicité avec les plus monstrueuses souffrances, a dévoré en quelques jours ce corps qu'animaient une âme exquise & un esprit élevé. Henry Mürger n'avait pas trente-neuf ans. On a voulu rattacher sa mort aux privations premières de sa jeunesse, en faire la conséquence d'une exiftence trop disputée pour n'avoir pas été atteinte jusque dans ses sources profondes; mais les médecins ne nous ont pas tenu ce langage. Ils n'ont vu dans le coup de foudre qui l'a renversé qu'un accident en dehors de toutes les prévisions, qu'une calamité indépendante des calamités du passé. Ceux qui cherchent absolument une logique au trépas, n'ont sans doute pas rencontré Henry Mürger dans ces dernières années : sa carrière rendue désormais facile, son séjour conftant à la campagne, ses affections groupées autour de lui, tout avait contribué à effacer les traces d'un noviciat littéraire qui compta parmi les plus pénibles; l'aurore d'une seconde jeunesse s'annonçait même en lui par une légère pointe d'embonpoint. Fait chevalier de la Légion d'honneur, accueilli dans les salons où l'on fête encore l'esprit, hautement eftimé de tous les lettrés, vivement goûté du public, l'auteur du *Dernier Rendez-vous* était sur la route de l'Académie, lorsqu'une erreur brutale de la maladie l'a jeté tout à coup sur le lit de la Maison municipale de santé !

La biographie d'Henry Mürger comporte peu de développements. Je lui ai entendu dire que sa famille était originaire de Savoie. Il eft né à Paris; il y fit des études assez hâtives, mais d'où la latinité ne fut pas exclue. On le plaça dans une étude, comme Scribe, comme Henry Monnier, comme Balzac; il y refta assez de temps pour prendre en horreur le papier timbré. Une place de secrétaire chez un grand seigneur russe lui fut offerte : il l'accepta. Hantant le quartier Latin, qui était alors un Paris dans Paris, il s'y lia avec une bande de jeunes gens qui, depuis, se sont tous créé d'importantes positions : — avec M. Auguste Vitu, aujourd'hui l'un des principaux rédacteurs du *Constitutionnel;* avec M. Champfleury, le romancier si discuté & si populaire ; avec M. Fauchery, le correspondant-voyageur du *Moniteur;* avec MM. Théodore de Banville, d'Héricault, Charles Baudelaire, Barbara, Gustave Courbet, Bonvin, Armand Barthet, & tant d'autres qui sont aujourd'hui la gloire & la dignité de leur profession, après en avoir été, comme notre pauvre ami, l'enjouement, l'insouciance & le désintéressement.

La publication périodique des *Scènes de la Bohème,* dans le journal *le Corsaire,* le mit en lumière pour la première fois. On ne publie pas impunément à Paris une vingtaine de nouvelles pleines de sentiment, d'originalité & d'esprit. Un éditeur à ses débuts, M. Michel Lévy, s'empressa de les réunir en volume ; un vaudevilliste, dont quelques succès avaient consacré le nom, M. Barrière, offrit de les grouper en une pièce en cinq actes. On se rappelle la réussite sympathique de la *Vie de Bohème.* Du jour au lendemain, Henry Mürger se vit l'objet des sollicitations des directeurs de théâtre & des directeurs de journaux; — il opta en faveur de ces derniers; ce fut un tort au point de vue de ses intérêts matériels. M. Buloz, le propriétaire de la *Revue des Deux Mondes,* prenant ses rédacteurs partout où il les trouvait, dans les chancelleries comme dans les coulisses, prit Henry Mürger au théâtre des Variétés, & il lui fit monter ce petit escalier de la rue Saint-Benoît, qu'ont monté la plupart des illustrations de notre époque. Je ne sais si cette rencontre fut un bien pour Mürger; je crois cependant que la *Revue des Deux Mondes* a étouffé en lui la note joyeuse au profit de la note mélancolique, & rien au monde ne m'empêchera de regretter le développement de la première, qui me semblait la plus riche & la plus variée.

Lié par un traité presque exclusif à ce recueil, le premier par les traditions, & où chaque nouveau venu est involontairement amené à laisser quelques pans de sa personnalité, Mürger y publia, pendant une période de sept ou huit années, ces romans dont les titres rappellent aux lecteurs tant d'heures délicieuses : *Claude & Marianne* (devenue en librairie *le Pays Latin*), *les Buveurs d'eau, Adeline Protat, les Vacances de Camille, le Dernier Rendez-vous.* Cette dernière œuvre, qui n'a peut-être pas plus de cent pages, eſt une des choses les plus réussies & les plus fermement écrites qui soient sorties de sa plume. — Il eſt à remarquer, à ce propos, que *la Revue des Deux Mondes*, que tant d'abonnés proſternés dans la poussière s'accoutument à regarder comme l'arche sainte du rigorisme & du *cant*, doit particulièrement son luſtre & son succès à ces écrivains, qualifiés poliment d'excentriques par le monde, & qui se sont appelés tour à tour : Alfred de Musset, Guſtave Planche, Gérard de Nerval, Henry Mürger.

C'eſt peut-être là un fait significatif. Ces quatre talents, ces quatre personnalités, ces quatre destinées, ayant vécu & succombé dans le même milieu, ont un air de parenté qu'on ne méconnaîtra pas. Tous les quatre, obéissant à des tempéraments exceptionnels, assujettis à des nécessités intimes, & cependant avides d'indépendance, avaient peut-être droit à une place à part dans notre société, place que leur méritaient à la fois leur conscience dans le travail, leur discrétion dans la pauvreté, leur noblesse dans la souffrance. — A un talent exceptionnel ne faut-il pas un salaire exceptionnel ? — Je voudrais m'expliquer davantage, & je n'ose. Pourtant, il eſt utile que le public apprenne ce que coûtent les œuvres durables.

Henry Mürger avait le travail très-difficile ; il

ne produisait guère que la valeur d'un roman par an. Le produit de ce roman, tamisé par le journal & par la librairie, rendait un millier d'écus tout au plus. Si l'on ajoute une rente d'une moyenne de trois cents francs pour les droits en province de *la Vie de Bohème* & du *Bonhomme Jadis*, quelques regains inattendus, les bonnes fortunes du petit journalisme, on arrivera aux appointements d'un teneur de livres; mais on ne les dépassera pas. Inégalement répartis, c'eſt-à-dire à des intervalles trop fréquents ou trop éloignés, ces quatre mille francs pouvaient-ils apporter une régularité bien grande dans une exiſtence déjà acquise à la poésie et aux entraînements du cœur? — Les besoins d'un écrivain ne sont pas ceux du premier venu : il ne lui faut pas seulement du pain & un logement; le loisir, les voyages, les roses, les réunions lui sont indispensables. — Tout compte vu, on devrait interdire l'exercice de la littérature à ceux qui, comme Henry Mürger, n'ont ni famille ni moyens d'exiſtence. Ce serait plus vite fait, & il n'y aurait sur leur tombe ni lamentations ni malédictions.

Le gouvernement de l'Empereur avait entrevu ce problème : une pension avait été récemment accordée à Henry Mürger. Il n'en a touché que le premier trimeſtre.

Je suis ramené malgré moi à cette mort, dont les épisodes sont sans exemple dans nos rangs littéraires. Il y a quinze jours, Mürger sentit, au milieu de la nuit, comme un coup de fouet dans la jambe gauche; il crut à un rhumatisme, à une attaque de goutte; le docteur Piogey, appelé, constata une artérite, qui devait rapidement déterminer la mortification du membre. Les consultations se précipitèrent, à l'insu du patient, dont l'inquiétude n'était que vague encore. Mais déjà l'effroi s'était répandu dans Paris, & les amis de l'écrivain accouraient à son domicile. Le mal empirait chaque jour; l'heure arriva où l'importance & la multiplicité des soins nécessitèrent le transport dans une maison de santé. C'était le samedi matin. — En rentrant, navré, je pris & feuilletai le volume des *Scènes de la Bohème;* je tombai sur le chapitre de la mort de Mimi. Hélas! ce n'était plus de la mort de Mimi qu'il s'agissait alors, mais bien de celle de Rodolphe! Je relus ce passage si touchant & si vrai, en substituant malgré moi le nom de l'amant à l'amante, le nom du poëte à celui de l'ouvrière. Et l'impression n'en était pas moins déchirante. Jugez plutôt:

« — Mon amie, le médecin a raison; — vous ne pourriez pas me soigner ici. A l'hospice on me guérira peut-être; il faut m'y conduire. — Ah! vois-tu, j'ai tant envie de vivre à présent, que je consentirais à finir mes jours une main dans le feu, & l'autre dans la tienne. — D'ailleurs, tu viendras me voir. — Il ne faudra pas te faire de chagrin; je serai bien soigné. On donne du poulet à l'hôpital, & on fait du feu. — J'ai beaucoup d'espérance maintenant. — J'ai déjà été malade comme ça, dans le temps, quand je ne te connaissais pas; on m'a sauvé. Pourtant, je n'étais pas heureux dans ce temps-là, j'aurais bien dû mourir. — Maintenant que nous pouvons être heureux, on me sauvera encore, car je me défendrai joliment contre la maladie. Je boirai toutes les mauvaises choses qu'on me donnera, — & si la mort me prend, ce sera de force. »

Elle l'a pris de force, en effet.

Dès son entrée à la maison Dubois, les médecins le condamnèrent d'un hochement de tête unanime. Le mal faisait, de minute en minute, d'épouvantables progrès. Le dimanche & le lundi, ce fut un véritable pèlerinage à la maison du faubourg Saint-Denis. Peu de personnages, même entre les plus marquants, ont vu à leur chevet autant de fronts douloureusement penchés, autant de regards débordant de larmes. Il fallait pourtant se contenir, & c'était le plus difficile, car Mürger interrogeait chacun d'une prunelle dilatée & curieuse; il avait l'espérance de guérir, & cette espérance il l'a gardée jusqu'à la fin. — Des représentants du miniftère d'État, du miniftère de l'inftruction publique, de la Société des gens de lettres, se succédaient à chaque inftant; le corridor de sa chambre était encombré de tous les amis de sa jeunesse, — & aussi d'amis plus récents qui, dans cette trifte circonftance, ont bien mérité des lettres & de l'humanité par un dévouement qui n'a reculé devant aucune abnégation, devant aucune fatigue. Certes, un homme qui s'en va ainsi entouré peut être proclamé un bon cœur & un esprit d'élite; depuis Béranger, on n'avait pas vu un pareil essor vers un agonisant. Dieu a brisé trop tôt la plume entre ses mains. Jamais plume, cependant, ne fut au service d'une conviction plus honnête, plus attendrie. Il n'a blessé dans sa vie ni un homme ni un principe. Il a conftamment refusé de toucher à l'arme dangereuse de la critique. Il tombe dans sa pureté & dans sa liberté.

Voici une lettre inédite d'Henry Mürger, écrite peu de mois avant sa mort :

« *A monsieur A. G., rue Montyon,* 19,
à Paris.

« Mon cher Monsieur,

« Je n'ai jamais eu l'intention de vous dire que vous n'aviez pas de cœur, car j'aurais cru alors vous faire une véritable offense. Dans la conversation que vous me rappelez, j'ai voulu seulement vous exprimer le regret que j'éprouvais de vous voir employer le remarquable inftrument lyrique que vous possédez à la glorification exclusive de la matière & à l'apothéose trop fréquemment répétée de la *Vénus bête,* selon l'heureuse expression de Léon Gozlan. Cette divinité eft déjà suffisamment idolâtrée par la jeunesse moderne, & elle n'a pas besoin de l'hommage des poëtes, ou de ceux qui veulent le devenir, pour attirer des adorateurs. Avec une familiarité autorisée par la sympathie que vous m'avez inspirée, je vous ai dit que vous aviez besoin de vivre. Je vous le dis encore, & je pense que vos amis, s'ils le sont véritablement, vous le diront comme moi. Je n'ai ni l'intention ni la prétention de vous rédiger un programme littéraire, mais je vous ferai remarquer que l'école à laquelle vous appartenez compte parmi ses membres des gens d'un grand talent, & que leurs œuvres les meilleures datent de l'époque où ils ont commencé à comprendre que toute l'humanité n'était pas contenue dans le torse de la Vénus de Milo ou dans un entrechat de Colombine. Croyez-le bien, mon cher monsieur, il y a autre chose; positivement il y a autre chose.

« Vous me dites, à ce que je comprends, que vous avez essayé de vivre, & qu'il eſt résulté de votre tentative une petite comédie à propos de laquelle vous voulez avoir mon opinion. Le ton léger avec lequel vous parlez de votre expérience semble indiquer que cette première expérience d'exiſtence ne vous a pas été bien pénible. Tant mieux pour l'homme & tant pis pour le poëte. Mais peut-être avez-vous confondu *faire la vie* avec *vivre*, deux choses bien différentes, cher monsieur, puisqu'il y en a une que l'on fait soi-même, tandis que c'eſt l'autre qui vous fait.

« Je serai à votre disposition vendredi ou dimanche, de quatre à six heures du soir, 11, rue Véron, à Montmartre.

« Mille sympathies.

« HENRY MURGER.

« *P. S.* — Ne prodiguez pas mon adresse. »

Que de charme & que de raison dans ces simples lignes! A mesure qu'il s'approchait de la mort, le pauvre auteur des *Vacances de Camille* s'approchait de la vérité.

Je ne crois pas que cette lettre ait été envoyée au deftinataire. Elle ne porte pas de timbre de pofte. Après l'avoir écrite, Mürger l'aura oubliée sur un coin de sa table, ou bien il se sera dit :
— A quoi bon ?

JEAN JOURNET

JEAN JOURNET

Écrit dans l'été de 1849.

Nous avons été voir à Bicêtre,—où l'on vient de le renfermer depuis deux semaines, — un pauvre brave homme, connu dans le monde des littérateurs & des peintres sous le nom de l'*apôtre Jean Journet*. On l'a affublé du coſtume des fous, nous ne savons trop pourquoi, bien qu'il ait tenté de nous l'expliquer lui-même avec une grande douceur & un parfait sérieux. Il paraît qu'un soir de représentation, à la Comédie-Française, il s'eſt avisé de répandre dans la salle, du haut du paradis, quelques-unes de ses pièces de vers. Là gît son crime, c'eſt-à-dire sa folie. — Nous nous rappelons cette aventure. — Ce soir-là, comme nous allions entrer dans le théâtre de la rue Richelieu, nous aperçûmes Jean Journet, qui était adossé, méditatif & sombre, contre un des piliers du périftyle. Il ne s'éclaircit pas à notre aspect. Il nous entretint de la misère & de la vanité des temps actuels, il nous raconta comment tout allait de mal en pis & pourquoi on *l'empêchait de parler dans les clubs;* c'était là surtout son grave & douloureux grief. Ne pouvoir parler ni en prose ni en vers, lui l'apôtre & le poëte! Aussi désespérait-il ingénument des clubs & de leur influence. Son discours, qui fut assez bref & empreint d'une visible préoccupation, se termina par ces paroles mémorables : « — Allez à vos plaisirs ! » On jouait la *Camaraderie* de M. Scribe.

Une fois *à mes plaisirs*, comme il disait, je me mis peu à peu à l'oublier. Au bout d'un quart d'heure, j'étais tout entier à la grâce spirituelle & bonne de mademoiselle Denain, au jeu mignard de mademoiselle Anaïs. La première avait une robe en soie blanche, unie, qui lui allait bien de partout & où elle était emprisonnée comme l'eau dans une carafe. Ces deux dames faisaient esprit de tout, de leurs yeux, de leur bouche, de leurs mains blanchettes & longuettes.
—Le quatrième acte allait son train, lorsque tout à coup, v'lan ! une pluie de papiers inonde les spectateurs du parterre, de l'orcheftre & des galeries.

On lève la tête : c'était Jean Journet qui diſtribuait la manne divine ; & comme il voyait que chacun s'empressait pour y atteindre :

— Patience, disait-il ; il y en aura pour tout le monde !

Et il recommençait à jeter de droite & de gauche ses odes, ses hymnes, ses chansons, ses élégies, ses cantates, qui dansaient, se balançaient & tournoyaient en rasant le luſtre, comme des papillons blancs autour d'une bougie. Pourtant, au milieu de son opération, voilà que Jean se sent atteint d'un remords ; il s'arrête, il se tourne vers la scène, il demande pardon humblement à mademoiselle Denain & à mademoiselle Anaïs, il les prie à mains jointes de l'excuser. Mais sa mission, dit-il, eſt impérieuse, il faut qu'il la remplisse ; &, pour cela, il demande la parole *pour cinq minutes.* — Cinq minutes ! c'était bien peu de chose. Néanmoins, le public, qui avait eu le temps de s'apercevoir qu'il avait affaire à un apôtre & à un prédicant, refusa les cinq minutes demandées.

— Ramenez-moi à la *Camaraderie !* dit le public, du ton que dut prendre ce poëte d'autrefois lorsqu'il répondit : *Ramenez-moi aux carrières !*

Puis arriva la garde, qui emmena Jean Journet. Quelques jours après, il était à Bicêtre.

Si notre mémoire eſt en état, voici la deuxième fois que l'on fait accomplir un si funeſte voyage à cette honnête personne, qui n'a que le tort de pousser au bien par des moyens excentriques & d'être un croyant exalté au milieu de nos tièdes croyants. Il croit à quelque chose, lui, à une chose extravagante, poétique, décriée, sublime, au *Phalanſtère !* Mais enfin il croit à quelque chose. — Or, Fauſt, qui croit au diable, je l'eſtime mieux que don Juan, qui ne croit à rien. — Nous disions donc que Jean Journet avait déjà été mis en 1841 à Bicêtre, & que c'eſt suffisant, à tout prendre. Selon nous, il n'y avait pas lieu à recommencer, & le désaſtre ne serait pas considérable quand on laisserait de temps en temps ce malicieux apôtre intervenir au milieu d'une tragédie, comme un terre-neuve dans un jeu de siam. — Tenez, on jouait dimanche *Abufar ;* eh bien ! franchement, nous avons regretté Journet.

On veut le guérir, nous le voyons bien. Et quand il sera guéri, c'eſt-à-dire quand on lui aura ôté sa poésie, éteint son regard, glacé son âme, alors seulement ce sera un homme pareil aux autres hommes. Ce jour-là, Jean Journet aura le droit de dire : Je suis raisonnable ! Il pourra, comme tous les gens qui sont raisonnables, aller manger un melon à Romainville avec ses voisins, qui ne dédaigneront plus sa compagnie. Il ira voir des pièces de théâtre & trouvera que *ce Levassor eſt impayable*. Le monde pourra chanceler sur sa base ; Jean Journet, devenu raisonnable, dira : Qu'eſt-ce que cela me fait ? Il mariera sa charmante petite fille à un avocat ou à un papetier, quelqu'un de raisonnable aussi. Et Jean Journet sera bien heureux, il n'aura plus de rêves de triomphe, il n'ira plus chanter dans les banquets, il fera des cornets avec ses vieux refrains ; il dira, au dessert, des plaisanteries contre les prêtres ; Jean Journet aura froid au cœur, froid à la tête, froid partout, mais il sera *raisonnable !* — Ah ! ne guérissez jamais Jean Journet !

Pendant les batailles de juin, je l'ai vu qui prêchait l'harmonie & l'union, par un soupirail de l'Abbaye, où on l'avait incarcéré par mégarde. Il rappelait à s'y méprendre le juge des *Plaideurs*. Mais ne rions pas ; c'était une belle parole que celle de Jean Journet, c'était surtout une parole respectable. Sa physionomie s'éclairait comme un ciel à mesure qu'il discourait, sa voix était sonore, son geſte déracinait l'incrédulité chez les plus endurcis. Par exemple, il ne faisait pas bon se mettre en travers de ses utopies. Jean Journet voulait qu'autour de lui tout le monde fût de son avis, ou du moins eût l'air d'en être. — Conduit un jour chez Théophile Gautier, il faillit le battre, parce que l'auteur de *Fortunio* s'était pris avec lui de savante & obſtinée discussion. — Ses emportements rappelaient ceux des prophètes. Comme cet acteur dont le nom m'échappe, il aurait été capable de soulever des ſtatues dans le paroxysme de sa foi. S'il n'avait pas la prudence des serpents, cet apôtre, en revanche, possédait la force des lions!

Quand nous étions réunis, le soir, trois ou quatre autour d'un pot de bière, il n'était pas rare de voir entrer brusquement Jean Journet, avec son auſtère caban, son fin & noir regard, sa démarche solennelle. Il serrait la main à tout le monde. — *Bonsoir, apôtre*, disions-nous avec un sourire qui n'avait rien de moqueur ni cependant rien de convaincu. Quelquefois, il y avait deux mois, trois mois que nous ne l'avions vu. Alors, tout en bourrant sa pipe avec un soin terreſtre, il nous racontait son dernier voyage. Tantôt c'était de Lyon qu'il arrivait, tantôt de Montpellier, de plus loin encore; il avait fait la route à pied, comme toujours, car c'était là un apôtre dans la sincère acception du terme. Partout, sur son passage, il avait semé la parole du maître, — le maître Fourier d'abord, & puis le maître Jean Journet ensuite. — Il avait déclamé ses plus belles ſtrophes aux paysans, & une fois déclamées, il les leur avait vendues, & une fois vendues, il leur en avait donné d'autres. Les paysans écoutaient des deux oreilles & prenaient des deux mains, tant cet homme, en proie à ses innocentes extases, avait un beau visage & un beau langage !

Il se trouvait à Bruxelles, une fois. A Bruxelles, Jean Journet se met en tête de pénétrer dans le parc royal & d'avoir un entretien avec Sa Majeſté Léopold. Il veut voir en face un front couronné & lui parler des misères sociales. Il entre. — *Qui vive?* lui crie-t-on. — Apôtre, répond-il. Et il passe. Mais, parvenu dans l'antichambre, il eſt arrêté par des secrétaires qui le queſtionnent & se mettent à le turlupiner. C'eſt un fou, dit-on; &, ce mot circulant de bouche en bouche, on renvoie Jean Journet, on le chasse. Le triſte & fier poëte, qui avait fait un voyage inutile, passa la nuit devant les grilles du jardin ; au réveil, il avait composé une de ses meilleures pièces de vers, *le Fou,* la plus navrante que nous connaissions de lui :

Au pied de ce palais où son deſtin l'appelle,
Voyez, tout près du parc, loin de la sentinelle,
    Voyez ce mendiant...
Lorsque l'aube paraît, quand le soleil se couche,
De mots myſtérieux que Dieu met dans sa bouche,
    Il poursuit le passant.

Voilà où nous en sommes arrivés. De cette qualité si rare et si admirable,—l'enthousiasme! — nous avons fait une folie. Folie, l'air inspiré, la voix sonore, le geste puissant! Folie, les belles larmes et les longs éclats de rire qui nous viennent de Dieu! Un homme qui tressaille sous sa croyance, marchant vers un but fixe, la tête haute, l'œil ouvert, — autrefois c'était un original, aujourd'hui c'eft un fou. On le met à Bicêtre. A Bicêtre, l'intelligence bruyante, l'honnêteté active, la poésie en action! Cela fait trembler quand on y réfléchit.

Disons vite que ce second séjour de Jean Journet à Bicêtre n'a été que de trois semaines. Aujourd'hui l'*Apôtre* n'eft plus; il est mort en 1863, un peu plus calme, un peu plus triste.

Il existe un excellent portrait de Jean Journet, par M. Courbet (salon de 1851), & une fort curieuse notice de M. Champfleury, dans son livre des *Excentriques*.

ANDRÉ DE GOY

ANDRÉ DE GOY

La maison de santé du docteur Brière de Boismont, située à la barrière du Trône, est surtout affectée au traitement des maladies de l'intelligence.

C'est là qu'un de nos confrères, André de Goy, est mort, dans l'année 1863.

Je dirai tout à l'heure ce qui l'a tué.

Voici ce que j'écrivais sur André de Goy en 1857 :

« Voulez-vous connaître un homme bien mis, éclatant d'elbeuf, verni, le solitaire au doigt, la barbe cultivée? Regardez de Goy, le plus brun & le plus affable des traducteurs. Il a remplacé Defauconpret & Benjamin Laroche; il a fait représenter à l'ancien Théâtre-Historique un drame intitulé *l'Argent;* il en fera représenter bien d'autres, car ce n'eſt pas l'appétit qui manque à de Goy. »

Ce n'était pas non plus l'espérance qui lui manquait, ni l'illusion. Il avait, à juſte titre, la réputation d'un *rêveur éveillé.* Bien que ses débuts littéraires eussent été difficiles & obscurs, il affeɡtait une assurance & une confiance qui ne laissaient pas de nous déconcerter, nous, ses confrères, qui luttions aussi, — & souvent plus en vue que lui.

A quelque heure qu'on le rencontrât alors, il venait de signer un traité avec un libraire ou de passer un contrat avec un journal.

Et quel contrat !

Et quel traité !

Il ne s'agissait pas d'un volume ou d'une pièce, mais de vingt volumes! mais de vingt pièces !

— Où allez-vous? me demande-t-il en m'arrêtant par le bras, un jour que je montais l'escalier étroit qui conduit aux bureaux de rédaction de la *Presse.*

— Ma foi, je vais offrir un roman là-dedans.

— Inutile ! me répondit-il; je sors de chez Girardin, à qui j'ai vendu quatre cents feuilletons qui tiendront le journal pendant deux ans,

Les quatre cents feuilletons étaient un mirage.

L'œuvre d'André de Goy se réduit :

A des traductions d'Ainsworth, de Dickens & de quelques autres romanciers anglais ;

Au drame de l'*Argent*, imité de l'anglais ;

A *la Bataille de la vie,* comédie en trois actes, — inspirée de l'anglais, — & représentée au Vaudeville ;

A *Monsieur va au cercle,* un petit acte du Palais-Royal, en collaboration avec M. Delacour.

— Faites donc du théâtre! me disait-il ; que croyez-vous que m'a rapporté *Monsieur va au cercle?*

— Je suis assez ignorant en ces matières, lui dis-je ; pourtant, si je considère le grand nombre de représentations de votre vaudeville, tant à Paris qu'à l'étranger, je crois que quatre ou cinq mille francs....

— Allons donc! fit de Goy en m'interrompant avec un geste de souverain mépris ; à l'heure qu'il est, *Monsieur va au cercle* m'a rapporté trente mille francs.

Et comme je le regardais avec des yeux singulièrement dilatés, il ajouta :

— Pour ma part, seulement.

Peu à peu on avait fini par s'accoutumer à cette inoffensive manie.

On le laissait dire; même on opinait doucement de la tête, en l'écoutant.

On avait renoncé à toute contestation avec lui.

Moi, je poussais la complaisance jusqu'à m'étonner & m'indigner du prix mesquin de 1 franc 25 centimes la ligne, auquel il prétendait que les journaux le payaient.

Comme il était toujours irréprochablement vêtu, ainsi que je l'ai dit, & qu'il ne s'exprimait jamais que par écus ou par pistoles, — quelques-uns de nous l'avaient surnommé le *chevalier*.

A cette époque, André de Goy s'était déjà révélé comme joueur.

Hélas! je viens d'indiquer la terrible passion qui usa ce corps & égara cet esprit.

Il apportait dans le jeu la même ostentation que dans les lettres.

Son enjeu était toujours le plus considérable.

Aux temps fabuleux où nous faisions la partie de lansquenet avec des haricots chez Auguste Vitu, il était homme à arriver avec des fèves.

Il lui fut donné deux ou trois fois de toucher à ses rêves de fortune.

Ce ne fut, il eſt vrai, ni grâce au jeu, ni grâce à la littérature.

Il fit plusieurs héritages assez considérables.

Mais alors il se produisit ce fait étrange : c'eſt que, lorsque André de Goy rencontrait un de nous & lui disait :

— Mon cher, je suis millionnaire,

L'ami, qui lui avait tant de fois entendu répéter cette parole, se contentait de sourire en répliquant :

— Bon, bon ; je la connais.

Rien n'était plus vrai cependant.

André de Goy a été millionnaire, — ou peu s'en faut.

Dès lors il appartint tout entier au jeu, au jeu sans relâche, au jeu du jour & de la nuit, au jeu que le dîner impatiente & qui n'attend pas le dessert pour remplacer la nappe par le tapis vert, au jeu des clubs & des maisons de conversation.

Genève & Hombourg l'ont vu pendant cette période de splendeur, qui devait durer si peu.

Il arrivait les mains pleines de billets de banque, faisait des efforts héroïques pour paraître impassible, & s'animait graduellement. Il *suivait* sa mise, tirant de sa poche de nouveaux billets qui allaient rejoindre les autres, & s'étonnant, & s'irritant, & s'obſtinant toujours!

Vainement s'était-il promis de ne jouer que l'argent dont il s'était muni; il fallait le voir quitter rapidement la salle du jeu pour aller chercher une autre somme.

Les joueurs connaissent bien ces voyages fiévreux du Kursaal à l'hôtel!

On arrache la clef aux mains du garçon, on monte l'escalier quatre à quatre; on déboucle, on déchire sa malle; on prend le portefeuille de réserve....

A ce moment quelquefois, on s'arrête, & d'un revers de manche on essuie la sueur de son front. On hésite.

Mais comme on chasse vite & loin ce bon mouvement! On fait encore deux parts de son trésor, si on a ce rare courage, & l'on retourne au Kursaal, la tête haute, l'œil brillant de joie & d'espoir!

Les croupiers ne se trompent jamais à cette rentrée.

J'ai vu de Goy perdre une soixantaine de mille francs en quelques jours.

Le lendemain, il gagnait quelque chose comme quatre cents francs.

Et c'étaient alors des transports d'allégresse qui tenaient du délire!

Malgré son extrême bonne volonté, André de Goy ne put pas employer moins de deux ou trois ans à se ruiner. Mais il se ruina jusqu'au dernier sou. La chute fut complète, irrémédiable. Il fallut retourner à la littérature.

La dernière fois que je le vis, c'était dans un bureau de journal. Il venait proposer des courriers de Londres. Toujours Londres! toujours des traductions!

Je le trouvai vieilli de dix années; sa barbe, autrefois si noire & si luisante, objet de tous ses soins, était négligée & semée de nombreux fils blancs. Ses tics nerveux s'étaient multipliés. Il avait maigri aussi.

On refusa ses courriers de Londres. Il proposa alors une autre série d'articles, je ne sais plus quoi; il suppliait presque; il promettait de faire aussi court que possible. Il me fit de la peine. Sa poignée de main, en me disant adieu, fut brûlante.

Je m'informai de sa situation après son départ; on me répondit qu'il occupait un petit emploi dans une adminiftration. — Un petit emploi à ce manieur de billets de banque!

Et c'eft tout.

J'ai appris, comme tout le monde, — par les

journaux, — sa fin dans la maison de santé de M. Brière de Boismont.

On ignorait généralement l'âge d'André de Goy; il devait avoir une cinquantaine d'années.

FIN

TABLE DES MATIÈRES

M. de Jouy. 1
Frédéric Soulié. 17
Lassailly. 27
Chateaubriand. 61
Madame Récamier. 129
Édouard Ourliac. 153
Anténor Joly. 203
Gérard de Nerval. 217
Henry Mürger. 257
Jean Journet. 271
André de Goy. 281

www.ingramcontent.com/pod-product-compliance
Lightning Source LLC
Chambersburg PA
CBHW050627170426
43200CB00008B/911